Martin Schulte

Staatlichkeit im Wandel

Schönburger Gespräche zu Recht und Staat

herausgegeben von

Otto Depenheuer

und

Christoph Grabenwarter

Bd. 27

2017

Ferdinand Schöningh

Martin Schulte

Staatlichkeit im Wandel

Zur unendlichen Geschichte vom Streit um das Selbstverständnis der Rechtswissenschaft

2017

Ferdinand Schöningh

Bibliografische Information der Deutschen Nationalbibliothek

Die Deutsche Nationalbibliothek verzeichnet diese Publikation
in der Deutschen Nationalbibliografie;
detaillierte bibliografische Daten sind im Internet
über http://dnb.d-nb.de abrufbar.

Internet: www.schoeningh.de

Satz: Martin Mellen, Bielefeld
Einbandgestaltung: Evelyn Ziegler, München
Printed in Germany
Herstellung: Brill Deutschland GmbH, Paderborn

ISBN 978-3-506-78667-8

In memoriam

Dieter Wyduckel

** 18. 9. 1938 † 10. 8. 2015*

Übersicht

I
Einleitung

»War der Staat gestern »out«, so ist er heute wieder »in« – solange der Trend währt. Die Entdeckerfreude, die heute manchen Gelehrten angesichts des Themas Staat ergreift, gleicht der Entdeckerfreude des Alzheimerpatienten, wenn er das Osterei findet, das er selber geraume Zeit vorher versteckt hat.«[1] Mit diesen Worten hat niemand anders als der Doyen und Grandseigneur der deutschen Staatsrechtslehre, Josef Isensee, in der ihm eigenen Originalität prägnant und präzise den wohl kaum zu bezweifelnden Befund formuliert, dass der »Staat« an der Zeitenwende vom 20. zum 21. Jahrhundert wieder zum Thema geworden ist.[2] In der Staatsrechtsdogmatik ist von »tektonischen Verschiebungen kaum überschätzbaren Ausmaßes«[3] die Rede, bisweilen gar von einer »kopernikanischen Wende«.[4] Flankierend treten dem Stichworte wie der »integrierte Verfassungsstaat«,[5] Modelle »offener Staaten«[6] oder »kooperationsoffener Verfassungsstaaten«[7] zur Seite.[8] Die einen sehen den Nationalstaat in der »Sinnkrise«[9], die anderen verkünden den »Abschied vom Nationalstaat«[10] oder weisen auf das »geopolitische Kardinalproblem« des Staatenzerfalls hin.[11] Wieder andere träumen demgegenüber vom »Weltstaat«[12] oder aber auch von einer »Welt jenseits des Staates«[13]. Wenn die staatliche Tektonik derart brüchig zu werden scheint[14], wenn kopernikanische Perspektivenwechsel in Rede stehen und das Deutungsspektrum letztlich vom Nationalstaat über den Mehrebenenstaat[15] bis hin zum Weltstaat reicht, dann war es wohl nur eine Frage der Zeit, bis Staat und Staatlichkeit als Thema auch die deutsche Forschungsförderung erreichen würden.

II
12 Jahre (Sonder)Forschung und kein Ende?

1. Staatlichkeit im Wandel (SFB 597)

Und im Jahre 2003 war es dann auch so weit. Im Sonderforschungsbereich 597 »Staatlichkeit im Wandel« (TranState), getragen von der Universität Bremen, der Jakobs University Bremen und der Universität Oldenburg, wurden die Forschungen zum Wandel von Staatlichkeit »in der OECD-Welt des ausgehenden 20. und beginnenden 21. Jahrhunderts« aufgenommen.[16] Ausgangspunkt und Vergleichsmaßstab war dabei das sog. »Goldene Zeitalter des Staates«. Es soll durch den DRIS – den demokratischen Rechts- und Interventionsstaat – der 1960er und 1970er Jahre gekennzeichnet sein. Prägend für diesen sei eine besondere Konzentration von Entscheidungs-, Organisations- und Letztverantwortung bei der Erfüllung zahlreicher Aufgaben mit hohem normativen Rang (z. B. Gewaltmonopolist, Rechtsgarant, Wachstums- und Wohlfahrtsproduzent) gewesen. Wenngleich daneben auch nicht-staatliche Akteure (z. B. internationale Organisationen, private Unternehmen und Verbände) an der Aufgabenerfüllung mitwirkten, sei dem Staat jedoch insgesamt eine herausgehobene Position zugekommen. Dies insbesondere deshalb, weil dem DRIS »in einem weltgeschichtlich nicht gekannten Maße die gleichzeitige Realisierung der vier normativen Güter Rechtsstaatlichkeit, demokratische Legitimität, Wohlfahrt und Sicherheit gelang.«[17]

Vor diesem Hintergrund unternahm der Sonderforschungsbereich in seiner ersten Phase den Versuch, den Wandel von Staatlichkeit seit den 70er Jahren mit einer einheitlichen Konzeption zu beschreiben. Dabei wurden vier Dimensionen der Staatlichkeit (Rechts-, Legitimations-, Wohlfahrts- und Ressourcendimension) auf vier normative Güter (Rechtsstaatlichkeit, demokratische Legitimität, Wohlfahrt, Sicherheit) bezogen. In den benannten Dimensionen der Staatlichkeit wurden entlang zweier Achsen – räumlich (national – international) und modal (staatlich – privat) – Wandlungsprozesse analysiert. Internationalisierung, Privatisierung und Transnationalisierung bildeten dabei die zentralen Untersuchungsgegenstände. Das Ergebnis der Analyse war eine »Zerfaserung von Staatlichkeit«[18] in dem Sinne, »dass sich neue internationale und private Institutionen an den Staat anlagern, die sich mit diesem die Verantwortung für die Erbringung von Aufgaben und normativen Gütern teilen.«[19] Dies bedeutet aber keineswegs den Untergang des Staates, da ihm erhebliche Entscheidungskompetenz und Organisationsmacht verbleibt, insbesondere wird ihm nach wie vor die Letztverantwortung für die Bereitstellung normativer Güter (bspw. der Finanzsystemstabilität) zugeschrieben. Der Staat wandelt sich damit aber vom Herrschaftsmonopolisten zum Herrschaftsmanager.[20]

In der zweiten Phase ging es dem Sonderforschungsbereich um die Erarbeitung einer »Gesamterklärung der Zerfaserung von Staatlichkeit«. Dafür wurden »Antriebskräfte« und »Weichensteller« des Wandels von Staatlichkeit heuristisch unterschieden, wobei erstere als säkulare Trends verstanden werden, »die bestehende Strukturen von Staatlichkeit herausfordern und dadurch zur Ursache des Wandels werden können« (z. B. wirtschaftliche Globalisierung, technischer Fortschritt, Wertewandel etc.), während letztere jene Faktoren bezeichnen, »die dem Wandel sein eigentümliches Gepräge geben, ihn in bestimmte Richtungen lenken, ihn beschleunigen, bremsen oder sogar gänzlich verhindern«.[21] Im Ergebnis erklärt sich Staatswandel ebenso wenig als bloße Reaktion auf externe Schocks wie als rein endogener institutioneller Wandel. Staaten wirken vielmehr an ihrer Transformation selbst mit, indem sie etwa die verschiedenen Antriebskräfte (z. B.

die wirtschaftliche Globalisierung) befördern, die ihre Staatlichkeit gerade in Frage stellen. Alles in allem setzt sich das Gesamtbild zerfaserter Staatlichkeit damit aus einer Kombination von Selbsttransformation und freigesetzten Eigendynamiken zusammen.[22]

In der dritten und letzten Phase der Forschungen im SFB 597 ging es bis Ende 2014 darum, die Wirkungen der Zerfaserung von Staatlichkeit empirisch zu untersuchen und normativ zu bewerten. Unter dem Stichwort der »Outcomes« wurde gefragt, ob und wie sich die Versorgung mit normativen Gütern, die der demokratische Rechts- und Interventionsstaat der 1960er und 1970er Jahre – für ihn geradezu konstitutiv – garantiert hatte, im zerfaserten Staat geändert hat. Im Mittelpunkt der Forschungen stand dabei die Überprüfung der sog. »Problemdruckthese«, wonach der zerfaserte Staat » – durch Effektivitäts- und Effizienzgewinne qua Privatisierung und Internationalisierung – zwar das Niveau an Wohlfahrt und Sicherheit erhöht, aber bei Rechtsstaatlichkeit und demokratischer Legitimität Defizite entstehen.« Unter dem Stichwort der »Reaktionen« (gesellschaftlicher, wirtschaftlicher und politischer Akteure auf den zerfaserten Staat) wurde hingegen untersucht, »ob die neuen Träger der Aufgaben- und Herrschaftsverantwortung zunehmend mit politischen Ansprüchen konfrontiert werden«, die sich bislang ausschließlich an den Nationalstaat richteten

(Überprüfung der sog. »Anspruchstransferthese«). Diese Analysen zu den »Outcomes« und »Reaktionen« mündeten schließlich in weitere Forschungsfragen (Überprüfung der sog. »Kollisionsthese«): Erweist sich der zerfaserte Staat als ähnlich stabil wie der demokratische Rechts- und Interventionsstaat oder muss er als »instabiles Übergangsstadium« verstanden werden? Wird er ohne grundlegenden Wandel über einen längeren Zeitraum fortbestehen können? Werden Brüche und Kollisionen zwischen den Regelungsebenen, den Politikfeldern und den Herrschaftsakteuren zu neuen Instabilitäten des zerfaserten Staates führen?[23] Antworten auf diese Fragen und eine Gesamtbilanz der Transformation des Staates seit den 70er Jahren sind im »The Oxford Handbook on Transformations of the State« veröffentlicht worden.[24]

2. Governance in Räumen begrenzter Staatlichkeit (SFB 700)

Sich zeitlich überlappend hat im Jahre 2006 der Sonderforschungsbereich 700 »Governance in Räumen begrenzter Staatlichkeit«, getragen von der Freien Universität Berlin, der Universität Potsdam, dem German Institute for Global and Area Studies, der Stiftung Wissenschaft und Politik sowie dem Wissenschaftszentrum Berlin für Sozialforschung, seine Arbeit aufgenommen.[25] Er konzentriert sich – im Gegensatz zum SFB 597 – schwerpunktmäßig auf den Wandel von Staatlichkeit *jenseits* der OECD-Welt. Ausgangspunkt seiner Forschungen ist die Feststellung, dass die große Mehrheit der Weltbevölkerung in Räumen begrenzter Staatlichkeit lebt. In diesen sei die staatliche Fähigkeit zur Setzung und Durchsetzung von Regeln und/oder zur Implementation des staatlichen Gewaltmonopols zumindest teilweise eingeschränkt. Vor diesem Hintergrund wird der Frage nachgegangen, wie und unter welchen Bedingungen in solchen Räumen begrenzter Staatlichkeit Governance-Leistungen erbracht werden und welche Probleme dabei entstehen.

Der Sonderforschungsbereich hat deshalb zunächst unterschiedliche Governance-Konstellationen herausgearbeitet. Neben hierarchischem und nicht-hierarchischem Regieren »ohne Staat« finden sich auch Governance-Delegationen durch die jeweilige Zentralregierung an externe wie interne/lokale Akteure. Außerdem existieren vielfältige nicht-hierarchische Verhandlungssysteme, an denen ganz unterschiedliche Akteure beteiligt sind. Ein systematischer Zusammenhang zwischen dem Grad an (Rest-)Staatlichkeit und der Effektivität dieser Governance-Konstellationen in Räumen begrenzter Staatlichkeit konnte dabei nicht festgestellt werden. Allerdings sei deutlich geworden, »wie wichtig die lokale Kontextualisierung globaler

Konzepte wie der Rule of Law ist und welch zentrale Bedeutung dem nicht-staatlichen Recht unter den Bedingungen begrenzter staatlicher Rechtsetzungs- und Rechtsdurchsetzungsmacht zukommt.«[26] Deshalb wird gegenwärtig zu fünf Schwerpunkten geforscht: (1) zur Bedeutung unterschiedlicher Autoritäten (lokaler oder religiöser Art) für das Recht; (2) zur Bestimmung eines Rechtsbegriffs, der die Räumen begrenzter Staatlichkeit innewohnende Institutionenpluralität reflektiert; (3) zu den Geltungs- und Wirksamkeitsbedingungen von Rechtsnormen in Räumen begrenzter Staatlichkeit; (4) zur Frage nach den Bedingungen der Wirksamkeit von staatlichem (Gesetzes-)Recht in Räumen begrenzter Staatlichkeit und seiner Tauglichkeit als Rahmen- und Kollisionsordnung für autonome lokale Normenordnungen; (5) zur Rule of Law als allgemeinem Maßstab zur Bewertung der Richtigkeit pluraler Rechts- und Regelungsstrukturen in Räumen begrenzter Staatlichkeit.[27] Auf der Grundlage dieser Forschungen soll es dann schließlich um Konsequenzen von Governance in Räumen begrenzter Staatlichkeit, eine normative Beurteilung und die Formulierung von Politikempfehlungen gehen. Dabei wird nicht zuletzt nach den Auswirkungen komplexer Governance-Arrangements auf Staat und Staatlichkeit gefragt. Lassen sich vielleicht neue Formen von Staatlichkeit, z. B. der Staat als Governance-Manager, feststellen?

3. Verfassung jenseits des Staates (DFG Graduiertenkolleg)

Neben den soeben vorgestellten Sonderforschungsbereichen »Staatlichkeit im Wandel« und »Governance in Räumen begrenzter Staatlichkeit« ist an dieser Stelle schließlich auch noch das DFG-Graduiertenkolleg »Verfassung jenseits des Staates: Von der europäischen zur globalen Rechtsgemeinschaft« zu erwähnen.[28] Im Wesentlichen getragen von Hochschullehrer(inne)n der Humboldt-Universität zu Berlin und der Freien Universität Berlin sind seine seit 2006 laufenden Forschungen im März 2015 zum Ende gekommen. Dabei ging es dem Graduiertenkolleg in seiner Konzeption zwar nicht primär um die Fragen von Staat und Staatlichkeit, doch waren diese im Forschungsdesign zumindest mitbedacht. Unmittelbar standen Fragen der Geltung des Rechts und einer Konstitutionalisierung auf globaler Ebene im Vordergrund der Forschungen. Diese nahmen ihren Ausgangspunkt in der »Verdichtung und Vernetzung der Beziehungen der Menschen in der globalisierten Welt« sowie dem »Recht als Instrument für die Wahrung des Friedens zwischen Menschen, Völkern und Staaten«. Welche juristischen Konsequenzen daraus folgen, sollte das Grundthema der Forschungsarbeiten sein. Insbesondere ging es um die Frage, ob das Konzept der Europäischen Union als Rechtsgemeinschaft global weitergedacht werden könne. Dabei wurden unverkennbare Gegenbewegungen einer Rückkehr zum klassischen souveränen Nationalstaat durchaus mitbedacht und sicherlich bleibe der Staat als zentraler Ordnungsfaktor auch in einem globalen Mehrebenensystem unverzichtbar, doch sei seine Rolle vermutlich Änderungen unterworfen, die nicht zuletzt im Lichte des »multilevel constitutionalism« betrachtet werden müsse.[29] Auf die Ergebnisse des Graduiertenkollegs wird man deshalb mit Spannung warten dürfen.

Dies auch deshalb, weil das Graduiertenkolleg mit seinen Forschungen zur Geltung des Rechts und einer Konstitutionalisierung auf globaler Ebene ein mit dem Wandel von Staat und Staatlichkeit in unmittelbarem Zusammenhang stehendes breites Spektrum an Fragen zur Rechts- und Ordnungsbildung jenseits des Nationalstaats thematisiert, die ein verändertes Verständnis des Verhältnisses von Recht und Politik zum Ausdruck bringen. Dieses wird von der Staats- und Verfassungstheorie auch reflektiert und zum Anlass für unterschiedliche analytische Beschreibungsversuche genommen. Dem möchte ich mich im Folgenden näher widmen.

Im Grundsatz werden Recht und Politik als zwei Kreise gedacht, die idealtypisch deckungsgleich sind. Der in der Gesellschaft gebildete politische Wille wird durch die staatliche Organisation in das Recht übersetzt. Dabei wird die strukturelle Verbindung von Recht und Politik gerade in der Übertragung des politischen Willens auf den Staat und seinem verfassungskonformen Handeln deutlich.[30] Recht und Politik beziehen sich auf einen konkreten Herrschaftsraum, wobei ihre normativen Aussagen so aufeinander abgestimmt sein sollen, »dass ein möglichst widerspruchsfreies, dem verfassungsrechtlichen Maßstab genügendes Rechtssystem den politischen Prozess diszipliniert und jeder Rechtssatz durch einen politischen Willensakt legitimiert wird.«[31] Dieses idealisierte, aus seinem historischen Entstehungszusammenhang heraus entwickelte Erklärungsmodell des Verhältnisses von Recht und Politik lässt allerdings in jüngster Zeit verstärkt Erosionserscheinungen sichtbar werden. So wird mit Grund darauf hingewiesen, dass es nicht mehr der beobachtbaren Lebenswirklichkeit entspreche und den zeitlichen Wandel unberücksichtigt lasse; innere und äußere Faktoren legten es nahe, das Erklärungsmodell zu korrigieren oder gar durch ein neues zu ersetzen.[32] Dieser zunächst etwas offene Befund konkretisiert sich, wenn insb. das soeben erwähnte Phänomen zunehmender Rechtsetzung jenseits des Nationalstaates mit in den Blick genommen wird.

Globalisierungs- und Privatisierungsphänomene lassen sich dabei in praktisch allen Politikfeldern ausmachen. Handel und Finanzwesen[33] sind von der Globalisierung genauso betroffen wie Gesundheitsschutz und Telekommunikation.[34] Für den Umweltschutz und die Landwirtschaft gilt selbstverständlich nichts anderes. Und sogar die Bildungspolitik – das ehemals »kleinstaaterische« Politikfeld par excellence – bleibt davon nicht unberührt, wie die Pisa-Studien der Organisation für wirtschaftliche Zusammenarbeit und Entwicklung (OECD) eindrucksvoll beweisen. Zu den wichtigsten Privatisierungsfeldern zählen Gefahrenabwehr (insb. Öffentliche Sicherheit, Flugsicherheit, Umwelt- und Produktüberwachung, Wirtschaftsüberwachung), Infrastruktur und Versorgung (insb. Bundesfernstraßen, Streitkräftebedarf, Schul- und Verwaltungsgebäude, Wasserversorgung und Abwasserentsorgung, Wohnungswesen) sowie Vollzug und Vollstreckung (insb. Straf- und Maßregelvollzug, Rechtsdurchsetzung, Gerichtsvollzieherwesen).[35]

In der Konsequenz kommt es zur schon beschriebenen »Zerfaserung von Staatlichkeit«, d. h. im Umfeld des Staates etablieren sich nicht-staatliche Träger von Staatlichkeit. So gibt es im Gefolge der Globalisierung mittlerweile kaum noch einen Regelungsbereich, der nicht von internationalen Organisationen nachhaltig beeinflusst würde. Ohne Anspruch auf Vollständigkeit seien hier nur genannt: die Vereinten Nationen (UNO), der internationale Strafgerichtshof (ICC), die Welthandelsorganisation (WTO), die Organisation für wirtschaftliche Zusammenarbeit und Entwicklung (OECD), die Weltgesundheitsorganisation (WHO), ICANN für die Internetregulierung usw. usw. Und die Privatisierung mit ihren Idealtypen der Organisationsprivatisierung, der Aufgabenprivatisierung, der funktionalen Privatisierung und der Vermögensprivatisierung hat ebenso dazu geführt, dass zunehmend private Unternehmen und Organisationen in die Implementation kollektiv-verbindlicher Entscheidungen eingebunden werden. Projektbezogene oder institutionalisierte PPP (Public-Private-Partnership), Zertifizierungs- und Akkreditierungsagenturen sowie DIN, CEN und CENELEC als private Unternehmen im Bereich der technischen Normung seien hier nur beispielhaft erwähnt.

In allen Fällen aber gibt es zur Letztverantwortung des Staates auch weiterhin keine Alternative. Der Staat bleibt zentral, bisweilen werden staatliche Entscheidungen sogar erst durch die Globalisierung erforderlich.[36] Globalisierung und Gubernalisierung[37] des Staates stellen den Staatenwillen als zentrale Instanz nicht in Frage, was hingegen nicht bedeutet, dass deshalb auch das Rollenverständnis des Staates keinem Wandel unterworfen wäre. Seine bereits beschriebene Mutation »vom Herrschaftsmonopolisten zum Herrschaftsmanager« gibt davon beredtes Zeugnis. Diese Beobachtungen globaler politischer Strukturbildung korrelieren mit der spezifischen Selbstbeschreibung des Rechtssystems.

Für die Rechtspraxis sind lex mercatoria, lex sportiva, lex technica und auch lex maritima längst keine

Fremdwörter mehr. Private Rechtsetzung jenseits des Nationalstaates ist vielmehr zur Normalität geworden und gewinnt mehr und mehr an Bedeutung.[38] Besonders hervorzuheben ist dabei zweifellos die lex mercatoria. Bei ihr handelt es sich um Phänomene der Regelbildung im internationalen Handelsverkehr, z. B. in Gestalt branchenspezifischer Standardverträge und Handelsklauseln (sog. Incoterms), Verfahrensordnungen oder Schiedssprüche internationaler Schiedszentren.

Auf diese Entwicklungen in der Rechtspraxis hat auch die Rechtsdogmatik reagiert. Hier sind vor allem die Formulating Agencies und die internationale Schiedsgerichtsbarkeitsdogmatik zu nennen.[39] Die Formulating Agencies leisten mit ihrer schriftlichen Fixierung der Lex Mercatoria-Regeln einen wesentlichen Beitrag zur Standardisierung der Vertragsgestaltung im internationalen Wirtschaftsverkehr. Ihre ausgearbeiteten Kodifikationswerke werden der internationalen Praxis der Vertragsgestaltung zugrunde gelegt. So handelt es sich bei den Incoterms um ein Klauselwerk, das wichtige und gängige Handelsbräuche notiert. Demgegenüber bezieht sich das UNCITRAL Model Law direkt auf die Harmonisierung der internationalen Handelsschiedsgerichtsbarkeit. Beide Kodifikationen sind in die Unidroit-Prinzipien eingeflossen, die das wohl umfassendste Werk weltweiter Vertragsregeln darstellen und das gesamte Spektrum internationaler Wirtschafts- und Handelsverträge abdecken.

Diese Veränderungen im Verhältnis von Recht und Politik werden nun – wie bereits erwähnt – von der dafür zuständigen Staats- und Verfassungstheorie[40] in ganz unterschiedlicher Weise überformt. Dabei kennt die Vielfalt der Beobachtungs- und Beschreibungsansätze allerdings kaum noch Grenzen, so dass es schwer fällt, den Überblick zu behalten. Deshalb wird nachfolgend eine Beschränkung auf die besonders wirkungsmächtig gewordenen Erklärungsansätze erfolgen. Vollständigkeit kann und soll nicht erstrebt werden. Vielmehr wird der Versuch unternommen, die zentralen Leitideen der theoretischen Reflexion des Wandels von Staat und Staatlichkeit herauszuarbeiten.

In Anlehnung an das Theoriedesign der klassischen Rechtsphilosophie und Rechtstheorie soll dabei zwischen »starken« und »schwachen« Theorien unterschieden werden.[41] Diese Differenzierung darf aber nicht in der Weise missverstanden werden, dass »starken« Theorien im Gegensatz zu »schwachen« Theorien notwendigerweise eine besondere argumentative Überzeugungskraft zukommt. Das genaue Gegenteil kann der Fall sein. »Starke« Theorien zeichnen sich im vorliegend verwendeten Sinne vielmehr dadurch aus, dass sie einen progressiven und umfassenden – in diesem Sinne universellen – Ansatz verfolgen, während »schwache«

Theorien eher konservativ und differenziert – in diesem Sinne partikular – ausgerichtet sind.[42] Man könnte vielleicht auch plakativ formulieren, dass »starke« Theorien anspruchs- und voraussetzungsvoll, »schwache« Theorien hingegen eher traditionell[43] und zurückhaltend auftreten.[44]

III
Reflexionstheorien des Wandels von Staat und Staatlichkeit

1. »Starke« Theorien

a) Transnationalismus

Zu den »starken« Theorien zählt zweifellos der in jüngster Zeit besonders populäre Transnationalismus. In unserem Kontext geht es dabei um die Transnationalisierung des Rechts[45], vor allem aber um die transnationale Staatenbildung[46] und – als ganz aktuelle Erscheinungsform – auch um die Begründung einer transnationalen Rechtswissenschaft.[47]

Mit dem Begriff der Transnationalisierung des Rechts soll zunächst eine klare Abgrenzung von sogenannten universale Geltung beanspruchenden Weltrechtskonzepten verbunden sein.[48] Der Begriff wird allerdings uneinheitlich verstanden, indem sowohl sein Gegenstand, als auch seine Wirkung, zum Teil auch sein Inhalt oder mitunter gar seine Urheber zum Maßstab der Begriffsbildung gemacht werden. Wer an den Gegenstand transnationalen Rechts anknüpft, versteht dieses als Recht der grenzüberschreitenden Sachverhalte; wer auf die Wirkung transnationalen Rechts abstellt, betrachtet es als extraterritorial anwendbares staatliches Recht; vom Inhalt transnationalen Rechts auszugehen, heißt es als in verschiedenen Rechtsordnungen übereinstimmend geltendes Recht zu begreifen; und den Urheber transnationalen Rechts ins Zentrum der Begriffsbildung zu rücken, bedeutet dieses als weder von noch zwischen Staaten geschaffenes Recht für grenzüberschreitende Sachverhalte zu definieren, wobei die Rechtserzeugungskompetenz verschiedenen nicht-staatlichen Gemeinschaften oder Akteuren zugewiesen wird.[49]

Angesichts dieser terminologischen Uneinheitlichkeit wird in jüngster Zeit dafür plädiert, bei der Begriffsbildung transnationalen Rechts an sämtliche genannten Parameter gleichermaßen anzuknüpfen. Dann meint es ein »Recht, das … grenzüberschreitende, wenn auch nicht notwendigerweise weltumspannende, Sachverhalte betrifft, … sowohl die Beziehungen der Einzelnen als auch Gegenstände von allgemeinem Interesse regelt, wobei es sich regelmäßig auf einzelne Sachbereiche beschränkt, und … überwiegend, wenn auch nicht ausschließlich, durch nicht-staatliche Akteure in Vertragsform gesetzt wird.«[50] Damit wird ausdrücklich an neuere Forschungen zum Transnationalismus in den

Sozialwissenschaften angeschlossen.[51] Der Vorteil dieser kumulativen Begriffsbildung transnationalen Rechts wird darin gesehen, dass er hinreichend offen sei, »um weitere Erscheinungen von Normativität im transnationalen Zusammenhang aufzunehmen«, z. B. das auf grenzüberschreitende Verträge gestützte Handelsrecht, große Bereiche des Investitionsschutzrechts und auch das von Sportverbänden gesetzte Recht, das deren Mitglieder durch vertraglichen Beitritt anerkennen.[52]

Wenn Recht und Politik demzufolge nicht mehr als zwei idealtypisch deckungsgleiche Kreise gedacht werden, bei denen der gesellschaftlich gebildete politische Wille durch den Staat in das Recht übersetzt wird, dann sollte man eigentlich nicht annehmen, dass der Transnationalismus mit seinem Konzept der transnationalen Staatenbildung, den Staat gerade durch Staatlichkeit zu überwinden, also gleichsam den Teufel mit dem Beelzebub zu vertreiben sucht. Und doch ist genau dies der Fall. Dabei wird dann nicht mehr von der Nation oder dem Volk ausgegangen, das sich als souveräner Staat organisiert, sondern ein gemeinsames Menschheitsinteresse findet seine Repräsentation in einer weltbürgerlichen Ordnung, der Weltrepublik.[53] Bricht man dieses Konzept der transnationalen Staatenbildung auf eine regionale Ebene herunter, so konkretisiert es sich in der Idee der Gründung eines Europäischen Bundesstaates, der in der Europäischen Gemeinschaft konzeptionell angelegt sei und über den Integrationsgedanken aus der Europäischen Union entwickelt werden könne.[54]

Vor diesem Hintergrund verwundert es nicht, dass transnationales Recht und transnationale Staatenbildung in jüngster Zeit auch zu einem »Reflexionsfeld der Rechtswissenschaft« werden. Schon ist von der »Geburt einer Transnationalen Rechtswissenschaft« die Rede[55], die sich nicht mehr allein über ihren Gegenstand, sondern vor allem über ihre Methode und ihre besonderen wissenschaftlichen Praktiken definiere.[56] Dies bedeute insbesondere eine dezidierte Öffnung für die sog. Nachbarwissenschaften der Rechtswissenschaft. Transnationale Rechtswissenschaft lasse sich nur transdisziplinär denken. In der Konsequenz heiße das weiter, dass Rechtswissenschaft in einer »Welt von Multinormativität und justiziellem Pluralismus« die Zusammenarbeit mit solchen Disziplinen suchen müsse, die sich mit unterschiedlichen »socio-legal arenas« beschäftigten, z. B. der Ethnologie, der Soziologie, der Geschichte, der Kulturwissenschaften und der Religionswissenschaften. Kulturwissenschaftlich gesprochen erfordere dies »eine Analyse des gesellschaftlichen Symbolsystems ›Recht‹, mit all seinen historischen Kontingenzen.« Recht könne dann nicht mehr als »ein bloß irgendwie in eine Kultur eingebettetes Phänomen« begriffen werden, sondern es sei eben »Kultur, die Recht produziert.« Und um dieses Recht zu analysieren, sei es notwendig, die Regeln kultureller Produktion des Rechts zu verstehen.[57] Damit wird – vor allem über die Kooperation mit den sog. »area studies« – die Brücke zu einem seit geraumer Zeit diskutierten Verständnis der Rechtswissenschaft als Kulturwissenschaft[58] geschlagen.

b) Konstitutionalismus

Als »starke« Theorie im vorbenannten Sinne ist zweifellos auch der in hohem Maße mehrdeutige und extrem anpassungsfähige Konstitutionalismus[59] zu bezeichnen. Seine historischen Wurzeln im letzten Drittel des 18. Jahrhunderts findend[60] denkt er die neue Ordnung – eine Rechts- und Ordnungsbildung jenseits der Staaten – vom Verfassungsbegriff her, indem die Idee des demokratischen Verfassungsstaates auf die Ebene der internationalen Staatengemeinschaft übertragen wird.[61] Dabei kann sich die Konstitutionalisierung entweder auf regionale und internationale Organisationen (Vereinte Nationen, Vertragsparteien der UN-Charta, Staaten Europas, Europäische Union und ihre Mitgliedstaaten) beziehen, deren primäres Recht dann als Verfassung interpretiert wird. Oder sie stellt das Recht selbst und die sich nach funktionellen Kriterien über die verschiedenen Ebenen hoheitlicher Gewalt hinweg ausdifferenzierenden Teilrechtsordnungen (Menschenrechtsschutz, internationales Strafrecht, Umweltschutz, internationales Wirtschaftsrecht) ins Zentrum ihres Ansatzes, so dass sich letztlich Teilverfassungen in der funktional differenzierten Weltgesellschaft bilden.[62] In der Konsequenz führt ein solches Denken dazu, dass sich transnationale Regelungsarrangements über ein Kollisionsrecht als »horizontales Verfassungsrecht« mit den staatlichen Rechtsordnungen und völkerrechtlichen Regimen verknüpfen. Dadurch entsteht ein sog. »constitutional network«.[63]

Aktuelle Entwicklungen im transnationalen Wirtschaftsrecht haben schließlich eine besonders radikale Variante[64] des Konstitutionalismus auf den Plan gerufen. Gemeint ist die nachgerade kühne Modellvorstellung eines Rechtspluralismus. Sein Normenset ist nicht auf staatliche und politische Setzungsakte reduziert. Ein »neues Öffentliches Recht jenseits des Staates« müsse vielmehr ein »Kollisionsrecht konfligierender Rechtsordnungen« sein, dem es um die »Ausarbeitung einer ›Meta-Dogmatik des Rechtspluralismus‹« gehe, »die Abstimmungsregeln zwischen den raum- und funktionsbezogenen ›Rechtskreisen‹« entwerfe.[65] Die neuen Phänomene ließen sich nicht mehr vom Staat aus entwickeln. Es gehe um Netzwerke, »um prinzipiell gleich geordnete Rechtsordnungen mit eigenen Traditionen und Infrastrukturen, die wie die Olympischen Ringe ineinander hängen und sich partiell überlappen.«[66] Deshalb soll am Ende auch unter ausdrücklicher Anknüpfung an erste Versuche in der Rechtspraxis und Rechtsdogmatik (Transnationales Copyright, Patentschutz auf Medikamente, Lex Constructionis, Transnationales Strafrecht, Lex Financiaria, Transnationales Cybercrime) der Entwurf einer »normativen Netzwerktheorie globaler Rechtsregime« stehen.[67]

Konsequenterweise ist dann auch die »Verfassung jenseits des Nationalstaats« zu denken.[68] So wird die Vermutung geäußert, dass sich die Positivierung konstitutioneller Normen im globalen Maßstab auf unterschiedliche gesellschaftliche Sektoren ausdehne, die parallel zu politischen Verfassungsnormen zivilgesellschaftliche Verfassungsnormen erzeugen. Es handele sich dabei um den »Realtrend« einer »globalen Konstitutionalisierung ohne Staat«. Er gipfelt in der These: »Die Verfassung der Weltgesellschaft verwirklicht sich nicht exklusiv in den Stellvertreter-Institutionen der internationalen Politik, sie kann aber auch nicht in einer alle gesellschaftlichen Bereiche übergreifenden Globalverfassung stattfinden, sondern sie entsteht inkrementell in der Konstitutionalisierung einer Vielheit von autonomen weltgesellschaftlichen Teilsystemen.«[69] In der Konsequenz führt ein solches Denken dazu, Konflikte im Wesentlichen als juristischer Rationalität kaum zugängliche Machtkonflikte zu begreifen[70]. Es entsteht ein »Proto-Recht«, das sich aus der kontinuierlichen Selbstreproduktion spezialisierter, oft formell organisierter, relativ eng definierter globaler Netzwerke ökonomischer, kultureller, wissenschaftlicher oder technischer Art speist.[71]

c) Governance

Vom Konstitutionalismus und Rechtspluralismus lässt sich die Brücke zu einer weiteren »starken« Theorie schlagen, dem sog. Governance-Konzept.[72] Mit der Pluralisierung der Teilrechtsordnungen korreliert demzufolge eine Pluralisierung der relevanten Akteure. Staaten und internationale Organisationen werden deshalb zwar nicht bedeutungslos, dafür treten aber weitere »player«, z. B. Unternehmen und Konzerne, Verbände, Nichtregierungsorganisationen und Bürgerinitiativen, hinzu. »Regieren jenseits des Nationalstaates«[73] bzw. »Regieren ohne Regierung« wird zur charakteristischen Erscheinungsform dieses aus der Politikwissenschaft stammenden Konzepts; Regierungsform soll die verantwortungsvolle Kooperation im Netzwerk sein.[74]

Methodisch definiert als sektorenübergreifende und interaktionistische Steuerungstheorie[75] fällt Teilen der Staats- und Verwaltungsrechtslehre der Anschluss ans Governance-Konzept leicht. So versteht sich die sog. Neue Staats- und Verwaltungsrechtswissenschaft[76] dezidiert als Steuerungswissenschaft.[77] Ausgehend von »Realbereichsanalysen« werden die realen Folgen einer

Maßnahme bei der Rechtsetzung und Rechtsanwendung (Wirkungs- und Folgenorientierung) berücksichtigt. Dies setze die Bereitschaft zur intra-, multi-, trans- und interdisziplinären Arbeit voraus, wobei ein »differenziert-integrativer Ansatz« zu wählen sei. Insoweit bedürfe es der »Entwicklung geeigneter ›Verkehrsregeln‹, die den Wissenstransfer zwischen der normativ-dogmatischen Verwaltungsrechtswissenschaft und den Nachbarwissenschaften« im Sinne einer »transdisziplinären Metatheorie« strukturierten. Zur Koordinierung der verschiedenen Fachdiskurse wird dabei in ausgewählten Referenzgebieten mit Schlüsselbegriffen und Leitbildern gearbeitet.[78] Alles in allem sind Resonanz und Rezeption des Governance-Konzepts in der Staats- und Verwaltungsrechtswissenschaft als Ganzes aber doch eher zurückhaltend geblieben.

2. *»Schwache« Theorien*

a) Verfassungsstaatlichkeit

Dem breit gefächerten Spektrum »starker« Theorien – seien es nun Konzepte transnationaler Staatenbildung, eines neuen Konstitutionalismus, des Rechtspluralismus oder einer »Good Governance« – tritt eine »schwache« Theorie – das Konzept offener Staatlichkeit – entgegen. Auf der Grundlage der »Seinsgebundenheit moderner Verfassungsstaatlichkeit«, die sich dem Phänomen privaten, transnationalen, supranationalen und internationalen Rechts auf der Grundlage und mit den Mitteln des demokratischen Verfassungsstaates zu nähern sucht[79], wird ein Modell partikularer Staatlichkeit in der internationalen Zusammenarbeit entwickelt.[80] Von seiner Wirkungsmächtigkeit her kann das Modell offener Staatlichkeit gar nicht überschätzt werden, da es Eingang in die Rechtsprechung des Bundesverfassungsgerichts gefunden hat.[81] So geht das Bundesverfassungsgericht davon aus, dass das Grundgesetz offen ist für das Ziel, Deutschland in eine internationale und europäische Friedensordnung einzufügen.[82] Die deutsche Verfassung sei auf »Öffnung der staatlichen Herrschaftsordnung« für das friedliche Zusammenwirken der Nationen und die europäische Integration gerichtet. Allerdings bedeuteten weder die gleichberechtigte Integration in die Europäische Union noch die Einfügung in friedenserhaltende Systeme wie die Vereinten Nationen eine Unterwerfung unter fremde Mächte. Vielmehr handele es sich um freiwillige, gegenseitige und gleichberechtigte Bindung, die den Frieden sichere und die politischen Gestaltungsmöglichkeiten durch gemeinsames koordiniertes Handeln stärke. Souveräne Staatlichkeit stehe dabei für einen befriedeten Raum und die darin gewährleistete Ordnung auf der Grundlage individueller Freiheit und kollektiver Selbstbestimmung. Diese »moderne Deutung von Souveränität«[83] gipfelt schließlich in der Feststellung: »Der Staat ist weder Mythos noch Selbstzweck, sondern die historisch gewachsene, global anerkannte Organisationsform einer handlungsfähigen politischen Gemeinschaft.« In ihm obliegt der Bundesregierung und den gesetzgebenden Körperschaften (Bundestag und Bundesrat) eine besondere »Integrationsverantwortung«, die innerstaatlich den Anforderungen des Grundgesetzes (insb. Art. 23 Abs. 1 GG) gerecht werden muss.

Hinter dem Modell offener Staatlichkeit[84] steht die Grundentscheidung eines Staates, sich als Herrschaftsverband einer als internationale Gemeinschaft verstandenen Staatengesellschaft rechtlich einzuordnen.[85] Er begreift sich als Staat unter Staaten, mit der Konsequenz, dass seine Entscheidungen die Interessen anderer Staaten zu tangieren und damit zugleich Rückwirkungen auf den binnenstaatlichen Willensbildungsprozess zu entfalten vermögen. Dabei bleibt die Geltung überstaatlichen Rechts zwar nach wie vor an den staatlichen Rechtsetzungswillen in Form des Bindungswillens gekoppelt, der Staat bleibt eigenständig handelndes Subjekt und seine Öffnung zur internationalen Gemeinschaft ist Selbstöffnung, aber er akzeptiert die für sich und seine Bürger verbindliche Aufgabenerfüllung durch überstaatliche Gremien. Das Modell offener Staatlichkeit ist deshalb durch Offenheit und Geschlossenheit zugleich gekennzeichnet. Die Offenheit soll aber Grenzen kennen, die sich daraus ableiten lassen, dass der Staat eine komplementäre Ordnung zur überstaatlichen Ordnungsebene bildet.[86] Weil der Staat zum Ausgleich von individueller Freiheit und Gemeinschaftsbindung verpflichtet ist, muss er diese Anforderung auch auf die überstaatliche Ebene übertragen. Sie konkretisiert sich in der Mitwirkung und Teilhabe nationaler Verfassungsorgane an überstaatlichen Willensbildungs- und Entscheidungsprozessen (Art. 23, 24, 59 GG).[87]

b) Dialogischer Pluralismus

Von der klaren Grundentscheidung des Grundgesetzes für die offene Staatlichkeit geht schließlich auch der sog. dialogische Pluralismus aus. Er versucht aber gleichsam einen methodologischen Brückenschlag zu den »starken« Reflexionstheorien des Wandels von Staatlichkeit, insb. zum Rechtspluralismus.[88]

Sein Ausgangspunkt ist die Feststellung eines Wandels der öffentlich-rechtlichen Grundstruktur des Staatsrechts. Während sich bis zum Beginn der 90er Jahre des vergangenen Jahrhunderts das Staatsrecht noch im Wesentlichen mit den Grundprinzipien des Grundgesetzes erfassen ließ, würden nunmehr daneben supranationale und internationale Institutionen, die ihre Verankerung in anderen Rechtsordnungen fänden, zunehmend an gestaltendem Einfluss auf das soziale Leben gewinnen. Besonders anschaulich werde dies am Beispiel der Erosion des Souveränitätsprinzips, das nach der Rechtsprechung des Bundesverfassungsgerichts im sog. Lissabon-Urteil »nur noch das Wesentlichste des Wesentlichen, das absolut Unverfügbare, das, was auf keinen Fall auf andere als deutsche Hoheitsträger übertragen werden« dürfe, schütze. Damit sei es seiner Funktion als Grundlage der gesamten dogmatischen oder legitimationstheoretischen Konstruktion verlustig gegangen.[89] Ohne deswegen behaupten zu wollen, dass das Souveränitätsprinzip praktisch keine Rolle mehr spiele, erschließe es jedoch nicht mehr die Grundstruktur öffentlicher Gewalt.

Vielmehr müssten angesichts ihrer Gestaltungsmacht auch die zuvor benannten supranationalen und internationalen Institutionen als eigene Träger öffentlicher Gewalt begriffen werden. Oder anders ausgedrückt: »Die Ausübung öffentlicher Gewalt ist das fundamentale Strukturmerkmal, das staatliche Institutionen inzwischen mit supranationalen und vielen internationalen Institutionen teilen.« Dies mündet schließlich in ein erweitertes Verständnis von öffentlicher Gewalt, und zwar in dem Sinne, dass sie das rechtlich begründete Vermögen meint, »andere Akteure in ihrer Freiheit rechtlich oder tatsächlich einzuschränken oder aber deren Gebrauch in ähnlicher Weise zu gestalten.« Und supranationale sowie internationale öffentliche Gewalt ist dann dadurch gekennzeichnet, dass sie auf einer Kompetenz beruht, »die ihrerseits durch einen gemeinsamen Akt öffentlicher Akteure – zumeist Staaten – verliehen wurde, um eine öffentliche Aufgabe zu erfüllen, welche von eben diesen Akteuren als solche definiert wurde und definiert werden durfte.«[90]

Über die supranationale und internationale öffentliche Gewalt hinaus habe sich der deutsche Rechtsraum im Zuge der Europäisierung und Internationalisierung schließlich in einer Weise geöffnet, dass er sich mit Grund als Teil eines europäischen Rechtsraums interpretieren lasse. Gleichsam »zur Seite hin« und nicht nur »nach oben« müsse auch die öffentliche Gewalt anderer Staaten mit in den Blick genommen werden, was etwa der transnationale Verwaltungsakt und der transnationale Diskurs der Gerichte eindrucksvoll belegten.[91]

Zur Bewältigung dieses Wandels der öffentlich-rechtlichen Grundstrukturen des Staatsrechts wird es deshalb für notwendig gehalten, die Grundprinzipien des Grundgesetzes, des Unionsverfassungsrechts und des Völkerrechts (insbesondere Menschenrechte, Rechtsstaat und Demokratie) bei der Ausübung nationaler öffentlicher Gewalt, aber auch für das Handeln supra- und internationaler Hoheitsträger sowie anderer Staaten zur Geltung und Anwendung zu bringen. Das scheint allerdings leichter gesagt als getan. Und zwar vor allem deshalb, weil ungeklärt ist, wie sich die unterschiedlichen Verständnisse und Ausprägungen der Prinzipien in der Gestalt, die sie in den jeweiligen Rechtsordnungen im positiven Recht, in der Rechtsprechung und in der Wissenschaft gefunden haben, zueinander verhalten.

Der dialogische Pluralismus[92] geht dabei – ausgehend von der Grundentscheidung des Grundgesetzes für die offene Staatlichkeit – von der Beobachtung aus, dass die unterschiedlichen Rechtsregime und Institutionen grundsätzlich stabile rechtliche Beziehungen aufbauen, aber auf die prinzipielle Wahrung ihrer normativen Unabhängigkeit besonderen Wert legen. Die bereits erwähnten Grundprinzipien des Grundgesetzes, des Unionsverfassungsrechts und des Völkerrechts bilden insoweit einen Rahmen für die rechtliche und politische Auseinandersetzung. Zu seiner Verfestigung würden »die juristischen Kernkompetenzen der Abstraktion, der Spezifikation, des Vergleichs, des Transfers und nicht zuletzt der Konfliktlösung neu gefordert.« Zwar sei eine Verschmelzung der diversen Prinzipiendiskurse und Rechtsordnungen unwahrscheinlich, ihre intensive Verknüpfung hingegen zu erwarten und zudem geboten.

Das Spektrum der Beobachtungs- und Beschreibungsansätze, mit denen Reflexionstheorien den Wandel von Staat und Staatlichkeit zu erfassen suchen, ließe sich zweifellos noch beliebig erweitern oder auch noch intensiver ausdifferenzieren. Vorliegend ging es aber – wie bereits gesagt – nur darum, ohne Anspruch auf Vollständigkeit die besonders wirkungsmächtig gewordenen Erklärungsansätze herauszuarbeiten. Vor diesem Hintergrund könnte es nun naheliegen, sich für diese oder jene Reflexionstheorie zu entscheiden, die den Wandel von Staat und Staatlichkeit am zutreffendsten beschreibt. Genau dieses Erkenntnisziel verfolgt die vorliegende Untersuchung hingegen nicht. Ihr geht es vielmehr darum, zu zeigen, dass die dargestellten Reflexionsdiskurse zum Wandel von Staat und Staatlichkeit einer unendlichen Geschichte in der (deutschen) Staatsrechtswissenschaft ein weiteres Kapitel hinzufügen.

IV
Die unendliche Geschichte vom Streit um das Selbstverständnis der Rechtswissenschaft

Es ist die unendliche Geschichte vom Streit um das Selbstverständnis der Rechtswissenschaft; eine Geschichte, die bis weit ins 19. Jahrhundert zurückreicht. Sie kann und soll nachfolgend nicht vollumfänglich wiedergegeben werden. Vielmehr wird anhand ausgewählter Schlaglichter gezeigt werden, dass die reflexionstheoretischen Diskurse um den Wandel von Staat und Staatlichkeit das Kaliber besitzen und mit Grund für sich beanspruchen dürfen, gleichsam als »Fortsetzungsroman« im Streit um das Selbstverständnis der Rechtswissenschaft begriffen zu werden.

Die soeben mit Blick auf den Wandel von Staat und Staatlichkeit ausführlich beschriebene Reflexionskontroverse von »Verfassung statt Staat« versus »Verfassungsstaat« fügt dem Prozess der Selbstvergewisserung der Rechtswissenschaft[93], insbesondere des Öffentlichen Rechts,[94] unter dem Eindruck von Internationalisierung und Globalisierung an der Zeitenwende vom 20. zum 21. Jahrhundert eine neue bedeutungsreiche Facette hinzu.[95] Beide – Internationalisierung wie Globalisierung – hätten nämlich verfassungsrechtliche Gewissheiten relativiert und mit den aktuellen Rechtsfragen offener Staatlichkeit konzeptionelle und methodische Grundfragen aufgeworfen, die sich nicht mehr ohne weiteres mit den Begriffen und Methoden einer herkömmlichen Verfassungsrechtswissenschaft verarbeiten ließen. Eine unverkennbare Renaissance der Verfassungstheorie, die an die Stelle des »Denkens vom Staat her« getreten sei, habe sogar »vermeintlich festgefügte Lagerstrukturen der Staatsrechtslehre« endgültig ins Wanken gebracht. Dabei sei deutlich geworden, was die Rechtswissenschaft zum einen »durch eine selbstverordnete Verkürzung auf das rein Dogmatische an Reflexionsräumen und Argumentationspotential eingebüßt«, zum anderen an »thematischen Annäherungen« hinzugewonnen habe, die einen »fruchtbaren interdisziplinären Dialog« erwarten ließen. Letztlich spiegele sich in den Reflexionsdiskursen um den Wandel von Staat und Staatlichkeit ein weiteres Mal jener »die (deutsche) Rechtswissenschaft spannungsreich prägende Dualismus von dogmatischer Praxisorientierung einerseits und grundlagenorientierter Rechtsreflexion andererseits.«

1. Der Methodenstreit der Weimarer Staatsrechtslehre

Er nimmt seinen eigentlichen Ausgangspunkt in Paul Labands »Staatsrecht des Deutschen Reiches«, das für die Staats- und Staatsrechtslehre wie kaum ein anderes Werk das ausgehende 19. Jahrhundert prägte. An ihm schieden sich aber zugleich die Geister. Otto von Giercke und Felix Stoerk zählten zu seinen wichtigsten und bekanntesten Kritikern.[96] Dass der sog. Gerber-Labandsche Positivismus[97] das historische, politische und philosophische Denken aus der Jurisprudenz des 19. Jahrhunderts eliminierte, wird man dennoch heute nicht mehr ernsthaft behaupten können. Vielmehr betrat mit Georg Jellinek, Heinrich Triepel, Gerhard Anschütz, Erich Kaufmann, Carl Schmitt, Hans Kelsen, Rudolf Smend und Richard Thoma eine Generation von Staatsrechtslehrern die Bühne, die bereits zu diesem Zeitpunkt ihr Methodenbewusstsein im Dialog mit Philosophie, Soziologie und Psychologie schärfte.[98]

Zum Thema wurde dieses jedoch erst im Methodenstreit der Weimarer Staatsrechtslehre[99] zwischen 1924 und 1929. An die sog. juristische Methode Paul Labands ließ sich anknüpfen, aus der einen wie der anderen »Richtung«, durch Positivisten wie Antipositivisten.[100] Unter den »Positivisten« nahmen die Vertreter der sog. »Wiener Schule« zweifellos eine Sonderstellung ein, was in ganz besonderer Weise für Hans Kelsen gilt. Er hat mit dem am »Gedanken methodischer Reinheit orientierten Arbeiten« gleichsam das Programm der »Positivisten« formuliert: »Die Reine Rechtslehre ist eine Theorie des positiven Rechts. ... Wenn sie sich als ›reine‹ Lehre vom Recht bezeichnet, so darum, weil sie eine nur auf das Recht gerichtete Erkenntnis sicherstellen und weil sie aus dieser Erkenntnis alles ausscheiden möchte, was nicht zu dem exakt als Recht bestimmten Gegenstande gehört. Das heißt: Sie will die Rechtswissenschaft von allen ihr fremden Elementen befreien. Das ist ihr methodisches Grundprinzip. Es scheint eine Selbstverständlichkeit zu sein. Aber ein Blick auf die traditionelle Rechtswissenschaft, so wie sie sich im Laufe des 19. und 20. Jahrhunderts entwickelt hat, zeigt deutlich, wie weit diese davon entfernt ist, der Forderung der Reinheit zu entsprechen. In völlig kritikloser Weise hat sich die Jurisprudenz mit Psychologie und Biologie, mit Ethik und Theologie vermengt. Es gibt heute beinahe keine Spezialwissenschaft mehr, in deren Gehege einzudringen der Rechtsgelehrte sich für unzuständig hielte. Ja, er glaubt sein wissenschaftliches Ansehen gerade durch Anleihen bei anderen Disziplinen erhöhen zu können. Dabei geht natürlich die eigentliche Rechtswissenschaft verloren. ... Die Reine Rechtslehre sucht das Objekt ihrer Erkenntnis nach den beiden Richtungen hin klar abzugrenzen, in denen seine Selbständigkeit durch den herrschenden Methodensynkretismus gefährdet ist.«[101] Oder kurz, aber präzise gefasst: »Wissenschaft treiben zwingt ja nicht, auf politische Werturteile zu verzichten, verpflichtet nur: das Eine vom Anderen, Erkennen und Wollen, voneinander zu trennen.«[102]

Dass ein solches am Gedanken methodischer Reinheit orientiertes Verständnis von Staat und Gesellschaft in einem Jahrzehnt größter annehmbarer Unsicherheit Widerspruch und Kritik hervorrufen sollte, wird niemanden wirklich überraschen. Staat und Gesellschaft suchten nach Einheit und Integration: sei es nach dem Zusammenhang von politischer Willensbildung und Parteiensystem oder von Unitarismus und Föderalismus, sei es wissenschaftstheoretisch nach der Verbindung von Rechtsdogmatik und Sozialwissenschaften.[103] Kelsen empfahl ihnen hingegen Unterscheidung und Differenz: sei es zwischen Recht und Politik, sei es zwischen Rechtsdogmatik und Staatssoziologie. Damit musste man gleichsam zwangsläufig den Vorwurf auf sich ziehen, stumm zu bleiben, wo die Stimme der Staatsrechtslehre gefragt war.

Um den Dualismus von dogmatischer Praxisorientierung einerseits und grundlagenorientierter Rechtsreflexion andererseits wurde es dann – aus den unterschiedlichsten Gründen[104] – tatsächlich lange Zeit still. Aber schlussendlich blieb der Methodenstreit der Weimarer Staatsrechtslehre doch nicht die letzte Beschreibung des Streits um das Selbstverständnis der Rechtswissenschaft. Unter der Geltung des Grundgesetzes ist es nämlich in der zweiten Hälfte des 20. Jahrhunderts zu mindestens zwei Wiederbeschreibungen der Neubeschreibung der Beschreibung des Streits um das Selbstverständnis der Rechtswissenschaft gekommen.[105] Ich denke an die in den 70er Jahren geführte Diskussion um die Integration der Sozialwissenschaften in das Öffentliche Recht und die seit Anfang der 90er Jahre verfolgten Bestrebungen einer Reform des Allgemeinen Verwaltungsrechts sowie der Begründung einer »neuen« Staats- und Verwaltungsrechtswissenschaft.

2. Integration der Sozialwissenschaften in das Öffentliche Recht

Die zum Teil mit erstaunlicher Verve und manch polemischer Pointe ausgefochtene Kontroverse um die Integration der Sozialwissenschaften, insbesondere der Soziologie, in das Öffentliche Recht[106] greift dezidiert den Methodenstreit der Weimarer Staatsrechtslehre auf. Ein weiteres Mal wird Hans Kelsen mit seiner Warnung vor einem das Wesen der Rechtswissenschaft verdunkelnden Methodensynkretismus an den wissenschaftlichen Pranger gestellt. Dieser Vorwurf hinterlasse den Eindruck, als sei Methodenmonismus ein Wert um seiner selbst willen. Gegenstand der Rechtswissenschaft seien aber gerade Sollen *und* Sein, weshalb der »schillernde Charakter der Jurisprudenz« ausdrücklich einen Methodenpluralismus verlange.[107]

Seine redescription findet dieses Ende der 70er Jahre gescheiterte Projekt einer Integration der Sozialwissenschaften in das Öffentliche Recht Anfang der 90er Jahre mit der maßgeblich von Wolfgang Hoffmann-Riem und Eberhard Schmidt-Aßmann initiierten Diskussion um die »Reform des Allgemeinen Verwaltungsrechts«.[108] Während die Inhalte im Wesentlichen dieselben bleiben, ändert sich die äußere Erscheinungsform der Debatte. Die Reform kommt in neuem Gewande daher. Da sich das deutsche Verwaltungsrecht spätestens seit Mitte der 80er Jahre in einer Phase des tiefgreifenden Wandels befinde, müsse dem mit einer grundlegenden Neuausrichtung der verwaltungsrechtswissenschaftlichen Forschung Rechnung getragen werden.[109] Die Verwaltungsrechtswissenschaft als Steuerungswissenschaft[110], die rezeptionsoffene Rechtswissenschaft[111], die – sogar ausdrücklich so bezeichnete – Integration von Rechts- und Sozialwissenschaft als Kommunikation in einer multidisziplinären Scientific Community[112] und Perspektivenverklammerung von Verwaltungsrecht und Verwaltungswissenschaft[113] sind die Leitbilder dieser Reform des Verwaltungsrechts. Nur noch vereinzelt und ganz am Rande wird eine damit möglicherweise verbundene Gefährdung der Rechtswissenschaft thematisiert, z. B., wenn es heißt, dass in der Selbstverständlichkeit der Grenzüberschreitungen eine begrüßenswerte Öffnung der Verwaltungsrechtswissenschaft liege, diese indes auch Reflexionen über das Selbstverständnis der Rechtswissenschaft verlange, die ihren normativen Charakter nicht aufgeben könne, ohne ihren Kern zu tangieren.[114] Zumindest mündet diese »Risikowahrnehmung« aber in dem Bestreben, ein »differenziert-integratives Methodenverständnis« zu entwickeln, das es erlaube, »Theorie, Dogmatik, Geschichte, Ökonomie und moderne Sozialwissenschaft zusammenzuführen, ohne die Eigenständigkeit jeder dieser Betrachtungsweisen zu negieren«.[115] Damit war allerdings dezidierter Widerspruch gleichsam vorprogrammiert. Er ließ auch nicht lange auf sich warten und wurde dahingehend formuliert, dass die Rezeptionsoffenheit des Verwaltungsrechts und der Verwaltungsrechtswissenschaft gegenüber den Sozialwissenschaften den Selbststand der Verwaltungsrechtsdogmatik gefährde und Methodendivergenzen zur empirischen Sozialwissenschaft ignoriere.[116] Die Debatte – bisweilen unter expliziter Ausflaggung als neuer Methoden- und Richtungsstreit[117] geführt – ist nach wie vor im Gange, ein Ende nicht absehbar.[118]

3. »*Verfassung statt Staat*« *versus* »*Verfassungsstaat*«

Und nun wird diese unendliche Geschichte – wie bereits erwähnt – mit einem weiteren Kapitel fortgeschrieben. Erneut geht es um eine elementare Grundfrage, diesmal allerdings des Staats- und Verfassungsrechts. Die Chiffre »Verfassung statt Staat« versus »Verfassungsstaat« bringt plakativ auf den Punkt, was im Einzelnen heißt: Wie verstehen wir Staat und Verfassung an der Zeitenwende vom 20. zum 21. Jahrhundert? Wie verändern sich Staat und Staatlichkeit unter dem Eindruck von Europäisierung, Internationalisierung und Globalisierung? Lässt sich Verfassung auch ohne den Staat oder jenseits des Staates denken? Und erneut stellt sich die Frage, welche Begriffe, welche Konzepte und welche Methoden unsere Herangehensweise an diese Grundprobleme des Staats- und Verfassungsrechts prägen. Damit gibt die Rechtswissenschaft ein weiteres Mal Auskunft über ihr Selbstverständnis.

So nähern sich die »Verfassungsstaatler« den aufgeworfenen Fragen weitestgehend normativ, indem sie versuchen, die Prozesse der Globalisierung und der Entterritorialisierung unter dezidierter Bezugnahme auf den grundgesetzlichen, unionsrechtlichen und völkerrechtlichen Normenbestand einzufangen und zu beurteilen.[119] Anders hingegen die Verfechter von

Transnationalismus, Konstitutionalismus und Governance-Perspektive. Für sie lassen sich die bezeichneten Probleme ohne ausdrückliche Bezugnahme auf die Erklärungsansätze der Sozialwissenschaften, insbesondere der Politikwissenschaft, und ohne den intensiven interdisziplinären Dialog mit ihnen nicht bewältigen.[120]

Vor diesem Hintergrund könnte es nun wiederum naheliegen, in der Kontroverse von »Verfassung statt Staat« versus »Verfassungsstaat« Stellung zu beziehen. Genau dieses Erkenntnisziel verfolgt die vorliegende Untersuchung hingegen nicht. Ihr geht es vielmehr in einem abschließenden Ausblick um die Konsequenzen dieser unendlichen Geschichte vom Streit um das Selbstverständnis der Rechtswissenschaft für das Verhältnis von Theorie und Praxis sowie Theorie und Dogmatik des (Öffentlichen) Rechts. Wird die gerade in jüngster Zeit immer häufiger festzustellende Sprachlosigkeit im Verhältnis von Theorie und Praxis des Rechts ihr dauerhaftes Schicksal sein? Oder werden sich Theorie und Praxis sowie Theorie und Dogmatik doch noch einmal aufeinander zu bewegen? Ist Anschlussfähigkeit von beiden Seiten überhaupt gewollt? Und, wenn ja, sind vielleicht konkrete Anwendungsfelder erkennbar, die der Anschlussfähigkeit von Theorie und Praxis des Rechts doch noch eine Chance geben? Fragen über Fragen, die das Selbstverständnis der Rechtswissenschaft in ihrem Kern berühren und deshalb zweifellos vertiefter Behandlung bedürften. An dieser Stelle muss es aber bei einigen Beobachtungen bleiben, die einer eigenständigen Untersuchung der Thematik vielleicht Richtung und Orientierung geben könnten.

V
Ausblick

Dazu gehört zunächst die Feststellung, dass man wahrlich nicht behaupten kann, die Rechtswissenschaft befasse sich nicht hinreichend mit sich selbst. Das genaue Gegenteil ist der Fall! Erst jüngst hat die »Selbstreflexion der Rechtswissenschaft« einen neuen Höhepunkt erreicht, indem die »Entscheidung zwischen der Innen- oder der Außenperspektive auf das Recht, zwischen Dogmatik und einer – evtl. interdisziplinär angereicherten – ›Meta-Dogmatik‹« als »zentrale Weichenstellung« bezeichnet wird.[121] Auch darüber hinaus sind aber diesbezügliche Studien – zumeist in monographischer Breite! – schon seit geraumer Zeit Legion. So kann man sich des Eindrucks nicht erwehren, dass sich die deutsche Rechts-, vor allem aber die Staatsrechtswissenschaft in den letzten zehn Jahren mit großer Regelmäßigkeit fast jährlich Auskunft über sich selbst gibt.[122] Sie tut dies allerdings zunehmend in einer Art und Weise, die wohl nicht ohne Grund als »verstärkte Theoretisierung oder jedenfalls theoretische Reflexion der Rechtswissenschaft« charakterisiert wird. Der modernen Wissenschaft des Öffentlichen Rechts sei – im Vergleich zu früheren Zeiten – ein »deutlich höherer Reflexionsgrad« zu Eigen und im Zentrum der Überlegungen stehe mehr als früher die »Thematisierung allgemeinerer Fragen«. Auch der Hinweis, dass dies dann tendenziell »eher auf einer oberen als einer mittleren Abstraktionshöhe« geschehe, dürfte kaum völlig fehlgehen.[123] Nun könnte man dies alles getrost auf sich beruhen lassen, wären damit nicht weitreichende Konsequenzen für das Verhältnis von Theorie und Praxis des Rechts verbunden.

Unverkennbar ist nämlich ein weiteres methodisches Auseinanderdriften von Wissenschaft und Praxis. Schon der Methodenstreit der Weimarer Staatsrechtslehre hat die Rechtspraxis nicht wirklich erreicht.[124] Dass für die Integration der Sozialwissenschaften in das Öffentliche Recht, insbesondere die Entwürfe einer Neuen Staats- und Verwaltungsrechtswissenschaft, nichts grundlegend anderes gilt, lässt sich ebenfalls belegen. Ins Standardlehrbuch des Allgemeinen Verwaltungsrechts[125] haben die mit der Neuen Verwaltungsrechtswissenschaft einhergehenden Reformüberlegungen und die Debatte um die Steuerungsfähigkeit des Rechts bislang keinen Eingang gefunden.[126] Gleiches gilt für die Rechtsprechung des Bundesverwaltungsgerichts, bezüglich derer eine unlängst durchgeführte Juris-Recherche ganze drei eigenständige Rechtsprechungszitate für das Flaggschiff der Neuen Verwaltungsrechtswissenschaft, die »Grundlagen des Verwaltungsrechts«[127], ergab.[128] Und auch die jüngste Diskussion in der Staats- und Verfassungstheorie um das Paradigma »Verfassung statt Staat versus Verfassungsstaat« hat in der Rechtspraxis, insbesondere der Rechtsprechung des Bundesverfassungsgerichts, keine wirkliche Resonanz entfaltet. Eine partielle Ausnahme dürfte allein für die »schwache« Theorie der Verfassungsstaatlichkeit, sprich das Konzept offener Staatlichkeit, gelten, was allerdings nur denjenigen verwundern wird, der keinerlei Zusammenhang zwischen der personellen Besetzung des Gerichts und seinen sachlich-inhaltlichen Entscheidungen glaubt ausmachen zu können. Die vermeintlich »starken« Theorien hingegen, z. B. der Transnationalismus, der Konstitutionalismus, der Rechtspluralismus und das Governance-Konzept haben sich für die Rechtspraxis, insbesondere die Rechtsprechung, als überhaupt nicht anschlussfähig erwiesen. Allerdings vermag dies nun wirklich nicht zu erstaunen, frönen sie doch jedenfalls teilweise einer staats- und verfassungstheoretischen Onanie, die jeglichen Kontakt zur Rechtsdogmatik und Rechtspraxis verloren hat.

Ohne damit einer Reduzierung der Rechtswissenschaft auf reine Dogmatik das Wort reden zu wollen, kommt es auf diesen Kontakt der (Staats- und Verfassungs)Theorie zur Rechtsdogmatik (und Rechtspraxis) aber auch zukünftig ganz maßgeblich an, weil sie nach wie vor für das »juristische Forschungsinteresse par excellence« bzw. die »Kerndisziplin der Rechtswissenschaft« steht. Ihr objektives Forschungsinteresse ist durch die Leistungen bestimmt, »die die Rechtspraxis, insb. die richterliche, von ihr im Allgemeinen tatsächlich erwartet und vernünftigerweise erwarten darf«.[129] Dabei ist erst jüngst – speziell im Vergleich mit anderen Rechtssystemen – zu Recht darauf hingewiesen worden, »welchen Besitzstand die interpretatorische Praxisrelevanz für die deutsche Rechtswissenschaft« darstellt.[130] Diesen gilt es nicht zu verspielen. Umso nachdenklicher muss uns eine zunehmende Entfremdung von Theorie und Praxis machen. Schon ist die Rede von einem Rückzug der Praxis (Justiz, Verwaltung, Wirtschaft) aus der Wissenschaft vom Öffentlichen Recht und vice versa einem Rückzug der öffentlich-rechtlichen Wissenschaft aus der Praxis.[131]

Wie ließe sich dem möglicherweise entgegenwirken? Erst unlängst sind in diesem Zusammenhang eine stärkere empirische Ausrichtung der Rechtswissenschaft und eine »Interdisziplinarität im Konkreten« als (auch für die juristische Ausbildung) zukunftsträchtiger Weg vorgeschlagen worden, der der Anschlussfähigkeit von Wissenschaft und Praxis doch noch eine Chance geben könnte.[132] Natürlich lässt sich dem mit Blick auf eine stärkere empirische Ausrichtung der Rechtswissenschaft entgegenhalten, dass Empirie nicht nur Abbild einer realen Außenwelt, sondern selbst eine spezifische soziale Konstruktion ist.[133] Damit wird aber nicht ausgeschlossen, dass normative Wertungen des Rechts nun einmal auch von tatsächlichen Umständen abhängen.[134] Ohne deswegen gleich grundsätzlich für eine systematische Rechtstatsachenforschung[135] zu streiten, vermag ein Blick in und auf die tatsächliche Praxis doch zumindest Antwort darauf zu geben, »ob die wissenschaftlich behandelten Fragen überhaupt eine Rolle spielen und welches die praktisch relevanten Fragenkomplexe sind.«[136] Und schon dies könnte ein wichtiger Beitrag dazu sein, die zunehmende Sprachlosigkeit im Verhältnis von Wissenschaft und Praxis jedenfalls ein wenig zu überwinden. Das dürfte möglicherweise auch für den Vorschlag einer »Interdisziplinarität im Konkreten« gelten. Er ist den »luftigen Höhen allgemeiner Interdisziplinaritätsdiskurse«[137], die leider nach wie vor ganz maßgeblich die Debatte bestimmen, allemal vorzuziehen. Im Konkreten bedeutet dies nach rechtsdogmatischen Referenzgebieten Ausschau zu halten, die sich extrajuridischen Maßstäben öffnen.[138] Für das Planungsrecht ist dies beispielsweise schon lange der Fall, lässt sich doch sein Gegenstand – die Planung – als per se fachübergreifendes Phänomen beschreiben, das die Zusammenarbeit verschiedener wissenschaftlicher Disziplinen (z. B. der Planungswissenschaften – mit der Stadt- und Regionalplanung, der Landschafts- und Umweltplanung, der Verkehrsplanung –, der Geowissenschaften, der Raumordnung und Landesplanung etc.) ermöglicht und erfordert.[139] In jüngerer Zeit sind dem mit dem Kartellrecht und dem sog. Regulierungsrecht, zum Beispiel dem Finanzmarktregulierungsrecht, dem Energiewirtschaftsrecht und dem Telekommunikationsrecht[140], rechtsdogmatische Spezialgebiete an die Seite getreten, die stark von ökonomischen Maßstäben geprägt werden. Diese Beispiele mögen zumindest ansatzweise verdeutlichen, dass Interdisziplinarität im Konkreten gelingen könnte, wenn sich die Rechtswissenschaft in ausgewählten Referenzgebieten aus den luftigen Höhen der Abstraktion in die Mühen der Ebene hinabbegibt. Es bleibt aber Vorsicht geboten. Der Umstand, dass Staat und Staatlichkeit im Wandel gleichermaßen Forschungsgegenstand der Rechtswissenschaft, der Politikwissenschaft und der Soziologie sind, bietet allein noch keine Gewähr für fruchtbare Interdisziplinarität. Genau das Gegenteil kann der Fall sein. Sollte es gelungen sein, dies am Beispiel der Reflexionstheorien des Wandels von Staat und Staatlichkeit zu verdeutlichen, so hätte die Untersuchung zumindest eines ihrer Ziele erreicht.

Anmerkungen

1 *Isensee*, Die Staatlichkeit der Verfassung, in: Depenheuer/Grabenwarter (Hrsg.), Verfassungstheorie, Tübingen 2010, § 6 Rn. 56.

2 Siehe nur aus politikwissenschaftlicher Sicht umfassend *Roth*, Genealogie des Staates. Prämissen des neuzeitlichen Politikdenkens, Berlin 2003, passim.

3 *Di Fabio*, Das Recht offener Staaten, Tübingen 1998, S. 2.

4 *Wahl*, Die zweite Phase des öffentlichen Rechts in Deutschland. Die Europäisierung des Öffentlichen Rechts, Der Staat 38 (1999), 495, 496; *von Danwitz*, Verwaltungsrechtliches System und europäische Integration, Tübingen 1996, S. 1 spricht von einem »kopernikanischen Perspektivenwechsel«.

5 *Grawert*, Der integrierte Verfassungsstaat, in: Lhotta/Oebbecke/Reh (Hrsg.), Deutsche und Europäische Verfassungsgeschichte: Sozial- und rechtswissenschaftliche Zugänge. Symposium zum 65. Geburtstag von Hans Boldt, Baden-Baden 1997, S. 133 ff.

6 *Di Fabio*, Das Recht offener Staaten, 1998; *Wahl*, Der offene Staat und seine Rechtsgrundlagen, JuS 2003, 1145 ff.

7 *Hobe*, Der kooperationsoffene Verfassungsstaat, Der Staat 37 (1998), 521 ff.

8 Zu weiteren Schlagworten in der Diskussion um die Wiederentdeckung des Staates siehe *Haltern*, Internationales Verfassungsrecht?, AöR 128 (2003), 511, 512 ff.

9 *Huber*, In der Sinnkrise, FAZ vom 1. 10. 2015, Nr. 228, S. 7.

10 *Albrow*, Abschied vom Nationalstaat, Fankfurt a. M. 1998.

11 *Di Fabio*, Welt aus den Fugen, FAZ v. 14. 9. 2015, Nr. 213, S. 8.

12 Siehe dazu *Albert/Stichweh* (Hrsg.), Weltstaat und Weltstaatlichkeit. Beobachtungen globaler politischer Strukturbildung, Wiesbaden 2007, passim; *Schulte/Stichweh* (Hrsg.), Weltrecht, Berlin 2008; dezidiert ablehnend *Krawietz*, Editorial: Konflikt verschiedenartiger Rechtskulturen oder universales Rechtssystem – Auf dem Wege zu einem Kerneuropa?, in: ders./Varga (Hrsg.), On Different Legal Cultures, Premodern and Modern States, and the Transition to the Rule of Law in Western and Eastern Europe, Rechtstheorie 33 (2002), VII, XIV »Es gibt keinen Weltstaat und kein Weltrecht!«; kritisch auch *Zumbansen*, Spiegelungen von »Staat und Gesellschaft«. Governance-Erfahrungen in der Globalisierungsdebatte, in: Anderheiden/Huster/Kirste (Hrsg.), Globalisierung als Problem von Gerechtigkeit und Steuerungsfähigkeit des Rechts, ARSP-Beiheft Nr. 79 (2001), 13 ff.

13 *Wahl*, Der Einzelne in der Welt jenseits des Staates, in: ders., Verfassungsstaat, Europäisierung, Internationalisierung, Frankfurt a. M. 2003, S. 53 ff.

14 Noch weitergehend *Schorkopf*, Grundgesetz und Überstaatlichkeit, Tübingen 2007, S. 175: »Die Statik des Verfassungsstaates gilt als erschüttert.«

15 So ausdrücklich *Benz*, Der moderne Staat. Grundlagen der politologischen Analyse, München 2001, S. 285 ff. »Mehrebenenstaat als neue Herrschaftsform«.

16 Siehe zum Folgenden insb. www.sfb597.uni-bremen.de bzw. www.staat.uni-bremen.de.

17 DFG-Finanzierungsantrag SFB 597, S. 11.

18 Siehe dazu z. B. *Genschel/Zangl*, Die Zerfaserung von Staatlichkeit und die Zentralität des Staates, APuZ 20–21 (2007), 10 ff.

19 DFG-Finanzierungsantrag SFB 597, S. 12.

20 *Genschel/Zangl*, Die Zerfaserung von Staatlichkeit und die Zentralität des Staates, APuZ 20–21 (2007), 10, 15 f.

21 DFG-Finanzierungsantrag SFB 597, S. 12 f.

22 Ebd., S. 13.

23 Ebd., S. 34 ff.

24 Leibfried/Huber/Lange/Levy/Nullmeier/Stephens (Hrsg.), The Oxford Handbook of Transformations of the State (OHTS), Oxford 2015, 880 S.

25 Siehe zum Folgenden insb. www.sfb-governance.de; siehe aber auch Risse/Lehmkuhl, Governance in Räumen begrenzter Staatlichkeit, APuZ 20–21 (2007), 3 ff.

26 Siehe insoweit www.sfb-governance.de, insb. Teilprojekt B 7 – Recht und Rechtsstaatlichkeit (rule of law) in Räumen begrenzter Staatlichkeit.

27 Ebd.

28 Siehe zum Folgenden insb. www.grakov-berlin.eu.

29 Ebd., Über das Kolleg.

30 Zur Einheitsbildung kraft Verfassung siehe insb. *Hofmann*, Das Recht des Rechts, das Recht der Herrschaft und die Einheit der Verfassung, Berlin 1998, S. 52 ff.

31 *Schorkopf*, Grundgesetz und Überstaatlichkeit, Tübingen 2007, S. 178 m. w. N.

32 *Ders.*, ebd., S. 181 ff.

33 Siehe nur *Joerges*, Freier Handel mit riskanten Produkten? Die Erosion nationalstaatlichen und die Emergenz transnationalen Regierens, in: Leibfried/Zürn (Hrsg.), Transformationen des Staates?, Frankfurt a.M 2006, S. 151 ff.;

Genschel/Uhl, Der Steuerstaat und die Globalisierung, ebd., S. 92 ff.

34 Siehe nur *Rothgang/Cacace/Grimmeisen/Helmert/Wendt*, Wandel von Staatlichkeit in den Gesundheitssystemen von OECD-Ländern, in: Leibfried/Zürn (Hrsg.) Transformation des Staates?, ebd., S. 309 ff.; *Walter*, Globales Netz und globale Politik? Politische Antworten auf Globalisierung am Beispiel des Internet, Baden-Baden 2005.

35 In diesem Sinne *Burgi*, Privatisierung öffentlicher Aufgaben – Gestaltungsmöglichkeiten, Grenzen, Regelungsbedarf, Gutachten D für den 67. Deutschen Juristentag, München 2008, D 9, S. 28 ff.

36 Siehe dazu insb. *Mayntz*, Die Handlungsfähigkeit des Nationalstaats in Zeiten der Globalisierung, in: Heidbrink/Hirsch (Hrsg.), Staat ohne Verantwortung? Zum Wandel der Aufgaben von Staat und Politik, Frankfurt a. M. 2007, S. 267, 269 f.

37 Grundlegend dazu *von Bogdandy*, Gubernative Rechtsetzung, Tübingen 2000, passim.

38 Zum Folgenden siehe insb. *Bumke/Röthel* (Hrsg.), Privates Recht, Tübingen 2012; *Ipsen*, Private Normenordnungen als Transnationales Recht?, Berlin 2009, passim; *Röthel*, Lex mercatoria, lex sportiva, lex technica – Private Rechtsetzung jenseits des Nationalstaates?, JZ 2007, 755 ff. m. w. N.; zur lex maritima siehe *Maurer/Beckers*, Lex Maritima, in: Callies/Fischer-Lescano/Wielsch/Zumbansen (Hrsg.), Soziologische Jurisprudenz. FS Gunther Teubner, Berlin 2009, S. 811 ff.; vgl. ferner *Fischer-Lescano/Teubner*, Regime-Kollisionen. Zur Fragmentierung des globalen Rechts, Frankfurt a. M. 2006, S. 66 ff.; *Zangl/Zürn* (Hrsg.), Verrechtlichung – Baustein für Global Governance?, Bonn 2004.

39 Siehe dazu insb. *Lieckweg*, Das Recht der Weltgesellschaft, Stuttgart 2003, S. 25 ff.; zur Bedeutung der internationalen Schiedsgerichtsbarkeit siehe insb. *Schwab/Walter*, Schiedsgerichtsbarkeit. Kommentar, 7. Aufl., München 2005, S. 345 ff.

40 Zum Verhältnis von Staats- und Verfassungstheorie instruktiv *Jestaedt*, Verfassungstheorie als Disziplin, in: Depenheuer/Grabenwarter (Hrsg.), Verfassungstheorie, Tübingen 2010, § 1 Rn. 7 ff. m. w. N.

41 Siehe in der Rechtsphilosophie etwa *Paulson*, Zwei radikale Objektivierungsprogramme in der Rechtslehre Hans Kelsens, in: ders. u. Stolleis (Hrsg.), Hans Kelsen. Staatsrechtslehrer und Rechtstheoretiker des 20. Jahrhunderts, Tübingen 2005, S. 191, 219 f.; *ders.*, Ralf Dreiers Kelsen, in: Alexy (Hrsg.), Integratives Verstehen. Zur Rechtsphilosophie Ralf Dreiers, Tübingen 2006, S. 159, 163 m. Fn. 13.

42 Zwischen »Universalität« und »Partikularität« der Denkrichtungen unterscheidend *Schorkopf*, Grundgesetz und Überstaatlichkeit, 2007, S. 187 ff., 220 ff.

43 Zum Merkmal des Traditionellen partikularer Denkrichtungen *ders.*, ebd., S. 220.

44 Siehe für die strukturelle Kopplung von Recht und Politik bereits *Schulte*, Eine soziologische Theorie des Rechts, Berlin 2011, S. 143 ff.

45 Grundlegend *Viellechner*, Transnationalisierung des Rechts, Weilerswist 2013, passim; siehe aber auch *Teubner*, Transnationaler Verfassungspluralismus: Neun Variationen über ein Thema von *David Sciulli*, ZaöRV 76 (2016), 661 ff.

46 Zu den Grundgedanken und der Kritik dieses Konzepts siehe insb. *Schorkopf*, Grundgesetz und Überstaatlichkeit, 2007, S. 189 ff. m. w. N.

47 Siehe dazu insb. *Duve*, Internationalisierung und Transnationalisierung der Rechtswissenschaft, in: Grimm/Kemmerer/Möllers (Hrsg.), Rechtswege. Kontextsensible Rechtswissenschaft vor der transnationalen Herausforderung, Baden-Baden 2015, S. 167, 175 ff.

48 *Viellechner*, Transnationalisierung des Rechts, 2013, S. 165, 159 ff.; zum Konzept des »Weltrechts« siehe eingehend *Schulte/Stichweh* (Hrsg.), Weltrecht, Berlin 2008, passim; *Schulte*, Eine soziologische Theorie des Rechts, 2011, S. 184 ff. m. w. N.

49 Zu den unterschiedlichen Konzeptionen siehe ausführlich *Viellechner*, ebd., S. 165 ff. m. w. N.

50 *Ders.*, ebd., S. 180 f., der es zusätzlich noch durch allgemeine Rechtsgrundsätze ergänzt, welche die meisten Rechtsordnungen enthalten.

51 *Ders.*, ebd., S. 181 m. w. N. in Fn. 180.

52 Ders., ebd., S. 185

53 Aus philosophischer Perspektive grundlegend *Höffe*, Demokratie im Zeitalter der Globalisierung, 2. Aufl., München 2002, passim.

54 Zu den Grundgedanken und der Kritik dieses Konzepts siehe *Schorkopf*, Grundgesetz und Überstaatlichkeit, 2007, S. 189 ff.

55 Zum Folgenden ausführlich *Duve*, Internationalisierung und Transnationalisierung der Rechtswissenschaft, in: Grimm/Kemmerer/Möllers (Hrsg.), Rechtswege. Kontextsensible Rechtswissenschaft vor der transnationalen Herausforderung, Baden-Baden 2015, S. 167, 176 ff.

56 Zum »European Law as a Transnational Social Field« und der »europäischen Rechtswissenschaft« als Wegbereiter einer Transnationalen Rechtswissenschaft *ders.*, ebd., S. 177.

57 Zum Ganzen *ders.*, ebd., S. 180 f.

58 Siehe dazu schon die von *Haltern* und *Möllers* im Jahre 2003 veranstaltete ZIF-AG zum Thema »Rechtswissenschaft als Kulturwissenschaft« sowie *Senn/Puskás* (Hrsg.), Rechtswissenschaft als Kulturwissenschaft?, Stuttgart 2008, passim; vgl. aber auch *Voßkuhle*, Neue Verwaltungsrechtswissenschaft, in: Hoffmann-Riem/Schmidt-Aßmann/ders. (Hrsg.), Grundlagen des Verwaltungsrechts, Bd. I, 2. Aufl., München 2012, § 1 Rn. 42; *Möllers*, Methoden, ebd., § 3 Rn. 51 m. w. N.

59 Zum teilweise ganz unterschiedlichen Verständnis der Begriffe »Konstitutionalismus« und »Konstitutionalisierung« siehe m. w. N. *Bumke/Röthel*, Auf der Suche nach einem Recht des Privaten Rechts, in: dies. (Hrsg.), Privates Recht, Tübingen 2012, S. 1, 7 m. Fn. 21; vgl. aus politikwissenschaftlicher Perspektive aber auch *Möller*, Formwandel der Verfassung. Die postdemokratische Verfasstheit des Transnationalen, Bielefeld 2015, passim.

60 Siehe dazu *Schorkopf*, Grundgesetz und Überstaatlichkeit, 2007, S. 195.

61 Ausdrücklich in diesem Sinne *ders.*, ebd., S. 199: »Die eigentliche Stoßrichtung der Konstitutionalisierungsthese ist der überstaatliche Raum. Die bewährten Instrumente aus dem nationalen Verfassungsrecht sollen für die internationale Ordnung fruchtbar gemacht werden.«

62 Zu den Grundgedanken und der Kritik dieses Konzepts *ders.*, ebd., S. 195 ff. m. w. N.

63 Siehe dazu insbesondere *Viellechner*, Transnationalisierung des Rechts, 2013, S. 61 ff., 265 ff., 274 f.

64 Anders *Bumke/Röthel*, Auf der Suche nach einem Recht des Privaten Rechts, in: dies. (Hrsg.), Privates Recht, Tübingen 2012, S. 1, 8, die von einer »entgegengesetzten Perspektive« ausgehen.

65 Grundlegend *Vesting*, Die Staatsrechtslehre und die Veränderung ihres Gegenstandes: Konsequenzen von Europäisierung und Internationalisierung, VVDStRL 63 (2004), 41, 66, 67 m. Fn. 88.

66 *Ders.*, ebd., 64.

67 Zum Rechtspluralismus siehe insb. *Teubner*, Globale Bukowina: Zur Emergenz eines transnationalen Rechtspluralismus, RJ 15 (1996), 255 ff.; *ders.*, Globale Zivilverfassungen: Alternativen zur staatszentrierten Verfassungstheorie, ZaöRV 63 (2003), 1 ff.; *Fischer-Lescano/Teubner*, Regime-Kollisionen. Zur Fragmentierung des globalen Rechts, Frankfurt a. M. 2006, S. 63 ff.; *dies.*, Fragmentierung des Weltrechts: Vernetzung globaler Rechtsregime statt etatistischer Rechtseinheit, in: Albert/Stichweh (Hrsg.), Weltstaat und Weltstaatlichkeit. Beobachtungen globaler politischer Strukturbildung, Wiesbaden 2007, S. 37 ff.; *Berman*, Globaler Rechtspluralismus, in: Kötter/Schuppert (Hrsg.), Normative Pluralität ordnen, Baden-Baden 2009, S. 41 ff.; *Fischer-Lescano/Viellechner*, Globaler Rechtspluralismus, APuZ 2010, 20 ff.; vgl. auch *Herberg*, Innenansichten des Weltrechts. Methodologische Überlegungen zur aktuellen Rechtspluralismusdebatte, in: Callies/ders./Wielsch/Zumbansen (Hrsg.), Soziologische Jurisprudenz. FS Gunther Teubner, Berlin 2009, S. 739 ff.; *Fischer-Lescano*, Globalverfassung. Die Geltungsbegründung der Menschenrechte, Weilerswist 2005, S. 117 ff.; kritisch zum Konzept des Rechtspluralismus *Ipsen*, Private Normenordnungen als Transnationales Recht?, Berlin 2009, passim; *Schorkopf*, Grundgesetz und Überstaatlichkeit, S. 210 ff.; zu den Verbindungslinien zwischen dem Rechtspluralismus und der Habermasschen Diskurstheorie siehe insb. *Habermas*, Eine politische Verfassung für die pluralistische Weltgesell-

schaft, in: ders., Zwischen Naturalismus und Religion. Philosophische Aufsätze, Frankfurt a. M. 2005, S. 324 ff.; *ders.*, Kommunikative Rationalität und grenzüberschreitende Politik: eine Replik, in: Niesen/Herborth (Hrsg.), Anarchie der kommunikativen Freiheit. Jürgen Habermas und die Theorie der internationalen Politik, Frankfurt a. M. 2007, S. 406 ff. und besonders erhellend *Fischer-Lescano*, Kritische Systemtheorie Frankfurter Schule, in: Callies/ders./Wielsch/Zumbansen (Hrsg.), Soziologische Jurisprudenz. FS Gunther Teubner, Berlin 2009, S. 49 ff.

68 Siehe dazu aus verfassungsrechtsdogmatischer Perspektive *Kirchhof*, Verfassunggebung jenseits des Verfassungsstaates?, in: Trute/Groß/Röhl/Möllers (Hrsg.), Allgemeines Verwaltungsrecht – zur Tragfähigkeit eines Konzepts, Tübingen 2008, S. 769 ff.; *Wahl*, Verfassungsdenken jenseits des Staates, in: Appel/Hermes (Hrsg.), Mensch – Staat – Umwelt, Berlin 2008, S. 135 ff.

69 *Teubner*, Globale Zivilverfassungen, ZaöRV 63 (2003), 1, 6; kritisch zu dieser »optimistischen Variante einer aufgeklärten globalen Zivilgesellschaft« insb. *Stolleis*, Vormodernes und Postmodernes Recht, Merkur 62 (2008), 425, 428, der diese auf dem Weg zurück zu einer »erneuerten juristischen Kulturkreislehre« sieht; kritisch aber auch *Vesting*, Politische Verfassung? Der moderne (liberale) Verfassungsbegriff und seine systemtheoretische Rekonstruktion, in: Callies/Fischer-Lescano/Wielsch/Zumbansen (Hrsg.), Soziologische Jurisprudenz. FS Gunther Teubner, Berlin 2009, S. 609, 620 ff.

70 *Von Bogdandy*, Prinzipien von Staat, supranationalen und internationalen Organisationen, in: Isensee/Kirchhof (Hrsg.), HdbStaatsR Bd. XI, 3. Aufl. Heidelberg 2013, § 232 Rn. 55 m. w. N.

71 Siehe dazu insb. *Viellechner*, Transnationalisierung des Rechts, S. 265 ff., 273 ff., 301 f.

72 Grundlegend *Schuppert*, Verflochtene Staatlichkeit. Globalisierung als Governance-Geschichte, Frankfurt a. M. 2014, passim; *ders.*, Staat als Prozess. Eine staatstheoretische Skizze in sieben Aufzügen, Frankfurt a. M. 2010, S. 122 ff., 160 ff.; *ders.*, Staatswissenschaft, Baden-Baden 2003, S. 395 ff.; *ders.*, Verwaltungsorganisation und Verwaltungsorganisationsrecht als Steuerungsfaktoren, in: Hoffmann-Riem/Schmidt-Aßmann/Voßkuhle (Hrsg.), GVwR I, 2. Aufl. München 2012, § 16 Rn. 20 ff.; zu weiteren Nachweisen siehe *Voßkuhle*, Neue Verwaltungsrechtswissenschaft, in: Hoffmann-Riem/Schmidt-Aßmann/Voßkuhle (Hrsg.), GVwR I, 2. Aufl. München 2012, § 1 Rn. 68 ff.; vgl. ferner *v. Bogdandy/Dann/Goldmann*, Völkerrecht als Öffentliches Recht: Konturen eines rechtlichen Rahmens für Global Governance, Der Staat 49 (2010), 23 ff.; vgl. ferner *Rüdiger*, Staatswissenschaften oder Governance-Theorie? Ein literaturkritischer Blick auf Genese und Zukunft von Staatlichkeit, in: Weber (Hrsg.), Räte und Beamte in der Frühen Neuzeit. Lehren und Schriften, JEV 19 (2007), S. 309 ff.

73 *Zürn*, Regieren jenseits des Nationalstaates. Globalisierung und Denationalisierung als Chance, 1998, passim.

74 *Schorkopf*, Grundgesetz und Überstaatlichkeit, 2007. S. 213 ff.; zur Genese des Governance-Konzepts in der Politikwissenschaft siehe z. B. *Benz*, Der moderne Staat, 2001. S. 168 m. Fn. 4.

75 *Schuppert*, Staatswissenschaft, 2003, S. 407 ff.

76 Systematisch entfaltet von *Voßkuhle*, Neue Verwaltungsrechtswissenschaft, in: Hoffmann-Riem/Schmidt-Aßmann/Voßkuhle (Hrsg.), GVwR I, 2. Aufl. 2012, § 1 Rn. 1 m. Fn. 16, 17.

77 *Ders.*, ebd., § 1 Rn. 17 ff. m. w. N.
78 *Ders.*, ebd., § 1 Rn. 37 ff., 40 ff.
79 *Bumke/Röthel*, Auf der Suche nach einem Recht des Privaten Rechts, in: dies. (Hrsg.), Privates Recht, 2012, S. 1, 8; paradigmatisch für diesen Ansatz *Poscher*, Das Verfassungsrecht vor den Herausforderungen der Globalisierung VVDStRL 67 (2007), 160 ff., 182 ff.
80 Grundlegend *Di Fabio*, Das Recht offener Staaten, Tübingen 1998, passim; *ders.*, Der Verfassungsstaat in der Weltgesellschaft, Tübingen 2001; *ders.*, Verfassungsstaat und Weltrecht, in: Schulte/Stichweh (Hrsg.), Weltrecht, Rechtstheorie 39 (2008), 399 ff.; im Anschluss daran *Schorkopf*, Grundgesetz und Überstaatlichkeit, S. 220 ff.; vgl. auch *Giegerich* (Hrsg.), Der »offene Verfassungsstaat« des Grundgesetzes nach 60 Jahren. Anspruch und Wirklichkeit einer großen Errungenschaft, Berlin 2010, passim.
81 BVerfG, NJW 2009, 2267 ff.
82 Zum Folgenden BVerfG, NJW 2009, 2267, 2270 ff.
83 *Schorkopf*, Der Mensch im Mittelpunkt, FAZ v. 16.7.09, Nr. 162, S. 6.
84 Dazu und zum Folgenden *ders.*, Grundgesetz und Überstaatlichkeit, S. 221 ff.
85 Zur verfassungsrechtsdogmatischen Herleitung dieses Gedankens siehe bereits *Vogel*, Die Verfassungsentscheidung des Grundgesetzes für eine internationale Zusammenarbeit, Tübingen 1964, passim.
86 Zum Gedanken der Komplementarität siehe insb. *Di Fabio*, Verfassungsstaat und Weltrecht, in: Schulte/Stichweh (Hrsg.), Weltrecht, Rechtstheorie 39 (2008), 399, 411 ff., 415 ff.
87 *Bumke/Röthel*, Auf der Suche nach einem Recht des Privaten Rechts, in: dies. (Hrsg.), Privates Recht, 2012, S. 1, 9; zu

den Grenzen offener Staatlichkeit siehe *Schorkopf*, Grundgesetz und Überstaatlichkeit, S. 243 ff.; vgl. ferner *Huber*, Offene Staatlichkeit: Vergleich, in: von Bogdandy/Cruz Villalon/ders. (Hrsg.), Handbuch Ius Publicum Europaeum, Heidelberg 2008, § 26 Rn. 83 ff.; *Sommermann*, Offene Staatlichkeit: Deutschland, ebd., § 14 Rn. 14 ff.; 50 ff.

88 Dazu und zum Folgenden eingehend und instruktiv *von Bogdandy*, Prinzipien von Staat, supranationalen und internationalen Organisationen, in: Isensee/Kirchhof (Hrsg.), HdbStaatsR Bd. XI, 3. Aufl. Heidelberg 2013, § 232 passim.

89 *Ders.*, ebd., Rn. 11.

90 *Ders.*, ebd., Rn. 12 ff. m. w. N.

91 *Ders.*, ebd., Rn. 22 ff.

92 Eingehend zum Folgenden *ders.*, ebd., Rn. 55 f.

93 Siehe dazu aus jüngerer Zeit insb. *Jestaedt*, Das mag in der Theorie richtig sein ..., Tübingen 2006, S. 16 ff.; *ders.*, Die Verfassung hinter der Verfassung, Paderborn 2009, S. 21 ff.; *Krüper*, Die Verfassung der Berliner Republik, Rg 23 (2015), 16, 37 ff.; *von Arnauld*, Die Wissenschaft vom Öffentlichen Recht nach einer Öffnung für sozialwissenschaftliche Theorie, in: Funke/Lüdemann (Hrsg.), Öffentliches Recht und Wissenschaftstheorie, Tübingen 2009, S. 65 ff.

94 Geradezu paradigmatisch dafür *Schulze-Fielitz*, Staatsrechtslehre als Mikrokosmos. Bausteine zu einer Soziologie und Theorie der Wissenschaft des Öffentlichen Rechts, Tübingen 2013, passim.

95 Zum Folgenden ausführlich *Krüper*, Die Verfassung der Berliner Republik, Rg 23 (2015), 16, 37 ff.

96 Siehe dazu *Stolleis*, Geschichte des öffentlichen Rechts in Deutschland, Zweiter Band 1800 – 1914, München 1992, S. 341 ff.

97 Das programmatische Klassikerzitat dazu findet sich bei *Laband*, Das Staatsrecht des Deutschen Reiches, 5. Aufl., Erster Band, Tübingen 1911, Vorwort zur 2. Aufl., VII, IX: »Die wissenschaftliche Aufgabe der Dogmatik eines bestimmten positiven Rechts liegt aber in der Konstruktion der Rechtsinstitute, in der Zurückführung der einzelnen Rechtssätze auf allgemeinere Begriffe und andererseits in der Herleitung der aus diesen Begriffen sich ergebenden Folgerungen. Dies ist abgesehen von der Erforschung der geltenden positiven Rechtssätze, d. h. der vollständigen Kenntnis und Beherrschung des zu bearbeitenden Stoffes, eine rein logische Denktätigkeit. Zur Lösung dieser Aufgabe gibt es kein anderes Mittel als die Logik; dieselbe lässt sich für diesen Zweck durch nichts ersetzen; alle historischen, politischen und philosophischen Betrachtungen – so wertvoll sie an und für sich sein mögen – sind für die Dogmatik eines konkreten Rechtsstoffes ohne Belang und dienen nur zu häufig dazu, den Mangel an konstruktiver Arbeit zu verhüllen. Ich begreife es vollkommen, dass jemand der Rechtsdogmatik keinen Geschmack abgewinnen kann und es vorzieht, vergangene Zeiten zu erforschen oder die Einrichtungen verschiedener Völker zu vergleichen oder die nützlichen und schädlichen Folgen gewisser staatlicher Institutionen zu erwägen; ich verstehe es aber nicht, wenn jemand einer dogmatischen Behandlung es zum Vorwurf macht, dass sie mit logischen Schlussfolgerungen operiert, statt mit historischen Untersuchungen und politischen Erörterungen. Von einer Überschätzung der juristischen

Dogmatik weiß ich mich frei, und ich bin weit entfernt davon, das alleinige Ziel aller rechtswissenschaftlichen Arbeiten in einer möglichst folgerichtigen Dogmatik des geltenden Rechts zu erblicken; aber ich kann es nicht als richtig anerkennen, wenn jemand der Dogmatik andere Aufgaben stellt als die gewissenhafte und vollständige Feststellung des positiven Rechtsstoffes und die logische Beherrschung desselben durch Begriffe.«

98 *Stolleis*, Geschichte des öffentlichen Rechts in Deutschland, Zweiter Band 1800 – 1914, München 1992, S. 456 f.

99 Dazu und zum Folgenden eingehend schon *Schulte*, Hans Kelsens Beitrag zum Methodenstreit der Weimarer Staatsrechtslehre, in: Paulson/Stolleis (Hrsg.), Hans Kelsen. Staatsrechtslehrer und Rechtstheoretiker des 20. Jahrhunderts, Tübingen 2005, S. 248 ff.

100 Dass von diesen »Richtungen« – schon gemeint in einem bewusst offenen Sinne – ohnehin nur mit größten Vorbehalten gesprochen werden kann, stellt zu Recht *Stolleis*, Geschichte des öffentlichen Rechts in Deutschland, Dritter Band 1914 – 1945, München 1999, S. 158 ff. fest.

101 *Kelsen*, Reine Rechtslehre, Wien 1934, S. 1 f.; *ders.*, Allgemeine Staatslehre, Berlin 1925, VII, S. 3 ff.; siehe aber auch *ders.*, Über Grenzen zwischen juristischer und soziologischer Methode, Neudruck der Ausgabe Tübingen 1911, 1970, S. 2.

102 *Ders.*, Juristischer Formalismus und reine Rechtslehre, JW 1929, 1723, 1724.

103 *Stolleis*, Geschichte des öffentlichen Rechts in Deutschland, Zweiter Band, 1992, S. 169 m. w. N.

104 Die nationalsozialistische Gewaltherrschaft, der aus ihr hervorgegangene 2. Weltkrieg und der ihm folgende Wiederaufbau der jungen Bundesrepublik konfrontierten

Staat und Gesellschaft einfach mit anderen, vordringlichen Fragestellungen.

105 Der Gedanke der Neubeschreibung von Beschreibungen und des ständigen Neubeschreibens der Wiederbeschreibungen von Beschreibungen orientiert sich an *Hesse*, Models and Analogies in Science, 2. Aufl., Univ. of Notre Dame Pr. 1970, S. 157 ff.

106 Siehe dazu statt vieler und alle m. w. N. *Grimm*, Rechtswissenschaften und Nachbarwissenschaften 1, Frankfurt a. M. 1973; *ders.*, Rechtswissenschaften und Nachbarwissenschaften 2, Frankfurt a. M. 1976; *Lautmann*, Soziologie vor den Toren der Jurisprudenz, Stuttgart 1971; *Naucke/Trappe* (Hrsg.), Rechtssoziologie und Rechtspraxis, Berlin 1970; *Opp*, Soziologie im Recht, Reinbek 1973; *Rottleuthner*, Rechtswissenschaft als Sozialwissenschaft, Frankfurt a. M. 1973; *Schünemann*, Sozialwissenschaften und Jurisprudenz, München 1976.

107 *Lautmann*, ebd., S. 26 ff.; *Rottleuthner*, ebd., S. 248 ff.

108 Siehe dazu insb. *Hoffmann-Riem/Schmidt-Aßmann/Schuppert* (Hrsg.), Reform des Allgemeinen Verwaltungsrechts. Grundfragen, Baden-Baden 1993; *Hoffmann-Riem/Schmidt-Aßmann* (Hrsg.), Innovation und Flexibilität des Verwaltungshandelns, Baden-Baden 1994; *dies.* (Hrsg.), Öffentliches Recht und Privatrecht als wechselseitige Auffangordnungen, Baden-Baden 1996; *Schmidt-Aßmann/Hoffmann-Riem* (Hrsg.), Verwaltungsorganisationsrecht als Steuerungsressource, Baden-Baden 1997; *Hoffmann-Riem/Schmidt-Aßmann* (Hrsg.), Effizienz als Herausforderung an das Verwaltungsrecht, Baden-Baden 1998; *Schmidt-Aßmann/Hoffmann-Riem* (Hrsg.), Strukturen des Europäischen Verwaltungsrechts, Baden-Baden 1999; *Hoffmann-Riem/Schmidt-Aßmann* (Hrsg.), Verwaltungs-

recht in der Informationsgesellschaft, Baden-Baden 2000; *Schmidt-Aßmann/Hoffmann-Riem* (Hrsg.), Verwaltungskontrolle, Baden-Baden 2001; *dies.* (Hrsg.), Methoden der Verwaltungswissenschaft, Baden-Baden 2004.

109 So insb. *Voßkuhle*, Die Reform des Verwaltungsrechts als Projekt der Wissenschaft, Die Verwaltung 32 (1999), 545, 547; *ders.*, »Schlüsselbegriffe« der Verwaltungsrechtsreform, VerwArch 92 (2001), 184, 194 ff. und paradigmatisch dann *ders.*, Neue Verwaltungsrechtswissenschaft, in: Hoffmann-Riem/Schmidt-Aßmann/Voßkuhle (Hrsg.), Grundlagen des Verwaltungsrechts, Band I, 2. Aufl. 2012, § 1 passim.

110 *Ders.*, ebd., Grundlagen, § 1 Rn. 17 ff.

111 *Trute*, Die Wissenschaft vom Verwaltungsrecht: Einige Leitmotive zum Werkstattgespräch, Die Verwaltung, Beiheft 2: Die Wissenschaft vom Verwaltungsrecht. Werkstattgespräch aus Anlass des 60. Geburtstages von Prof. Dr. Eberhard Schmidt-Aßmann, Berlin 1999, 9, 14.

112 *Hoffmann-Riem*, Sozialwissenschaften im Verwaltungsrecht: Kommunikation in einer multidisziplinären Scientific Community, ebd., 83 ff; siehe nunmehr auch *ders.*, Innovation und Recht – Recht und Innovation, Tübingen 2016, S. 64 ff. unter der Überschrift: »Kontextbezogene und integrativ konzipierte Rechtswissenschaft: Zum Erfordernis multi-, inter- und intradisziplinärer sowie transfachlicher Offenheit«.

113 *Schuppert*, Schlüsselbegriffe der Perspektivenverklammerung von Verwaltungsrecht und Verwaltungswissenschaft, Die Verwaltung, Beiheft 2: Die Wissenschaft vom Verwaltungsrecht, Berlin 1999, 103 ff.

114 *Trute*, Die Wissenschaft vom Verwaltungsrecht: Einige Leitmotive zum Werkstattgespräch, ebd., 9, 13.

115 *Voßkuhle*, Die Reform des Verwaltungsrechts als Projekt der Wissenschaft, Die Verwaltung 32 (1999), 545, 549.

116 So insb. *Schulte*, Wandel der Handlungsformen der Verwaltung und der Handlungsformenlehre in der Informationsgesellschaft, in: Hoffmann-Riem/Schmidt-Aßmann (Hrsg.), Verwaltungsrecht in der Informationsgesellschaft, 2000, 333, 343 ff.; siehe aber auch *Krebs*, Sozialwissenschaften im Verwaltungsrecht: Integration oder Multiperspektivität, Die Verwaltung, Beiheft 2: Die Wissenschaft vom Verwaltungsrecht: Werkstattgespräch aus Anlass des 60. Geburtstages von Prof. Dr. Eberhard Schmidt-Aßmann, 1999, 127 ff.

117 *Möllers*, Braucht das öffentliche Recht einen neuen Methoden- und Richtungsstreit?, VerwArch 90 (1999), 187 ff.

118 Siehe aus jüngerer Zeit nur *Voßkuhle*, Neue Verwaltungsrechtswissenschaft, in: Hoffmann-Riem/Schmidt-Aßmann/Voßkuhle (Hrsg.), Grundlagen des Verwaltungsrechts, Band I, 2. Aufl. 2012, § 1 Rn. 37 ff. m. w. N.; *Möllers*, Methoden, in: Hoffmann-Riem/Schmidt-Aßmann/Voßkuhle (Hrsg.), Grundlagen des Verwaltungsrechts, Band I, 2. Aufl., München 2012, § 3 Rn. 42 ff. m. w. N.

119 Exemplarisch insoweit *Poscher*, Das Verfassungsrecht vor den Herausforderungen der Globalisierung, VVDStRL 67 (2007), 160 ff., 182 ff.; siehe aber auch *von Bogdandy*, Prinzipien von Staat, supranationalen und internationalen Organisationen, in: Isensee/Kirchhof (Hrsg.), HdbStaatsR Bd. XI, 3. Aufl. Heidelberg 2013, § 232 Rn. 29 ff.

120 Exemplarisch insoweit *Viellechner*, Transnationalisierung des Rechts, 2013, passim; siehe aber auch *Schuppert*, Staat als Prozess, 2010, passim.

121 Siehe nur *Hilgendorf/Schulze-Fielitz* (Hrsg.), Selbstreflexion der Rechtswissenschaft, Tübingen 2015, S. 12, dort

auch mit dem weiteren Hinweis, dass zu klären sei, »inwieweit Mischformen möglich und zweckmäßig sind, und wie weit die Öffnung der Rechtswissenschaft zu Nachbardisziplinen wie der Politologie, der Ökonomie und der Soziologie gehen soll«.

122 Beispielhaft für das vergangene Jahrzehnt und sicherlich nicht abschließend: 2006: *Jestaedt*, Das mag in der Theorie richtig sein …; *Wahl*, Herausforderungen und Antworten: Das Öffentliche Recht der letzten fünf Jahrzehnte; 2007: *Engel/Schön* (Hrsg.), Das Proprium der Rechtswissenschaft; *Schulze-Fielitz*, Staatsrechtslehre als Wissenschaft; 2008: *Jestaedt/Lepsius* (Hrsg.), Rechtswissenschaftstheorie; VVDStRL 67 (2008), Die Leistungsfähigkeit der Wissenschaft des Öffentlichen Rechts; 2009: *Funke/Lüdemann* (Hrsg.), Öffentliches Recht und Wissenschaftstheorie; *Jestaedt*, Die Verfassung hinter der Verfassung. Eine Standortbestimmung der Verfassungstheorie; 2012: *Grimm*, Das Öffentliche Recht vor der Frage nach seiner Identität; *Kirchhof/Magen/Schneider* (Hrsg.), Was weiß Dogmatik?; *Schulze-Fielitz*, Staatsrechtslehre als Mikrokosmos; 2015: *Funke/Krüper/Lüdemann* (Hrsg.), Konjunkturen in der öffentlich-rechtlichen Grundlagenforschung; *Hilgendorf/Schulze-Fielitz* (Hrsg.), Selbstreflexion der Rechtswissenschaft.

123 In diesem Sinne ausdrücklich *Durner*, Die Wissenschaft vom Öffentlichen Recht in Verwaltung und Wirtschaft, Die Verwaltung 48 (2015), 203, 211 f., a. A. *Schulze-Fielitz*, Staatsrechtslehre als Mikrokosmos, S. 142.

124 Siehe dazu *Schulte*, Hans Kelsens Beitrag zum Methodenstreit der Weimarer Staatsrechtslehre, in: Paulson/Stolleis (Hrsg.), Hans Kelsen. Staatsrechtslehrer und Rechtstheoretiker des 20. Jahrhunderts, Tübingen 2005, S. 248, 258 ff.

125 *Maurer*, Allgemeines Verwaltungsrecht, 18. Aufl., München 2011.

126 Schon im Jahre 2007 hat *Kahl*, Diskussionsbeitrag, VVDStRL 67 (2008), 335 f. auf der Freiburger Staatsrechtslehrertagung zum Thema »Die Leistungsfähigkeit der Wissenschaft des Öffentlichen Rechts« ein »gewisses Missverhältnis zwischen dem wissenschaftlichen Aufwand der Steuerungsdebatte einerseits und der Verwertung von deren Resultaten durch die Praxis andererseits« festgestellt. Seinem an die Rechtsdogmatik und Rechtspraxis gerichteten Appell, die Erkenntnisse der verwaltungsrechtswissenschaftlichen Steuerungsdebatte stärker zu rezipieren, ist bis heute nicht Folge geleistet worden.

127 *Hoffmann-Riem/Schmidt-Aßmann/Voßkuhle* (Hrsg.), Grundlagen des Verwaltungsrechts, Bd. I, 2. Aufl., 2012; Bd. II, 2. Aufl., 2012; Bd. III, 2. Aufl., 2013.

128 *Durner*, Die Wissenschaft vom Öffentlichen Recht in Verwaltung und Wirtschaft, Die Verwaltung 48 (2015), 203, 213 m. Fn. 47.

129 *Dreier*, Rechtstheorie und Rechtsgeschichte, in: Behrends/Dießelhorst/ders. (Hrsg.), Rechtsdogmatik und praktische Vernunft, Göttingen 1990, S. 17, 21; *Engel*, Rechtswissenschaft als angewandte Sozialwissenschaft, in: Gemeinschaftsgüter: Recht, Politik und Ökonomie, Preprints aus der Max-Planck-Projektgruppe Recht der Gemeinschaftsgüter Bonn, 1998/1, S. 26, 36; *ders.*, Herrschaftsausübung bei offener Wirklichkeitsdefinition. Das Proprium des Rechts aus der Perspektive des öffentlichen Rechts, Preprints of the Max Planck Institute for Research on Collective Goods Bonn 2006/13; *Morlok*, Vom Reiz und vom Nutzen, von den Schwierigkeiten und den Gefahren der Ökonomischen Theorie für das Öffentliche Recht, in:

Engel/ders. (Hrsg.), Öffentliches Recht als ein Gegenstand ökonomischer Forschung, Tübingen 1998, S. 1, 7; *Schünemann*, Sozialwissenschaften und Jurisprudenz, München 1976, S. 23; siehe dazu auch *Osterloh-Konrad*, Symposium »Das Proprium der Rechtswissenschaft«, JZ 2006, 1013 ff. m. w. N. auf die Diskussion um den »strictly legal point of view« der Jurisprudenz.

130 *Durner*, Die Wissenschaft vom Öffentlichen Recht in Verwaltung und Wirtschaft, Die Verwaltung 48 (2015), 203, 206.

131 *Ders.*, ebd., 207 ff.

132 *Ders.*, ebd., 223 ff, 225 ff.

133 *Augsberg*, Von einem neuerdings erhobenen empiristischen Ton in der Rechtswissenschaft, Der Staat 51 (2012), 117 ff., 124 f.

134 *Petersen*, Braucht die Rechtswissenschaft eine empirische Wende?, Der Staat 49 (2010), 435 ff.; *Durner*, Die Wissenschaft vom Öffentlichen Recht in Verwaltung und Wirtschaft, Die Verwaltung 48 (2015), 203, 224; vorbildlich insoweit die stets empiriegesättigten Forschungsarbeiten in der Schriftenreihe des Freiherr-vom-Stein-Instituts Münster (Wissenschaftliche Forschungsstelle des Landkreistages Nordrhein-Westfalen an der Universität Münster).

135 Siehe dazu bspw. Barta/Ganner/Lichtmannegger (Hrsg.), Rechtstatsachenforschung – Heute, Innsbruck 2008; vgl. aber auch die »Schriftenreihe zur Rechtssoziologie und Rechtstatsachenforschung« (Duncker & Humblot Verlag Berlin). Insgesamt ist es aber um die systematische Rechtstatsachenforschung recht ruhig geworden.

136 *Durner*, Die Wissenschaft vom Öffentlichen Recht in Verwaltung und Wirtschaft, Die Verwaltung 48 (2015), 203,

224 mit weiterführendem Hinweis auf *Röhl*, Öffnung der öffentlich-rechtlichen Methode durch Internationalität und Interdisziplinarität: Erscheinungsformen, Chancen, Grenzen, VVDStRL 74 (2015), 7, 35, These 14: »Durch die Rückkopplung mit der Praxis wird allerdings auch empirisches Material bereitgestellt, das als Grundlage für die wissenschaftliche Reflexion dienen kann. …«

137 *Lüdemann*, Öffentliches Wirtschaftsrecht und ökonomisches Wissen, in: Augsberg (Hrsg.), Extrajuridisches Wissen im Verwaltungsrecht, Tübingen 2013, S. 121, 127.

138 Siehe dazu und zum Folgenden insb. *Durner*, Die Wissenschaft vom Öffentlichen Recht in Verwaltung und Wirtschaft, Die Verwaltung 48 (2015), 203, 225 ff.; vgl. aber auch *Kaufhold*, Transfer und Transformation ökonomischen Wissens im Recht der Bankenaufsicht, in: Augsberg (Hrsg.), Extrajuridisches Wissen im Verwaltungsrecht, 2013, S. 151 ff.; *Frenzel*, Schnittstellen für extrajuridisches Wissen im Regulierungsverwaltungsrecht – Status quo und Perspektive, ebd., S. 177 ff.

139 Zur Entwicklung der Planungswissenschaften seit der Mitte des vergangenen Jahrhunderts und diesbezüglicher »Themenkarrieren« siehe insb. das im Fachgebiet »Raumordnung und Planungstheorie« der TU Dortmund angesiedelte DFG-Projekt »Themenkarrieren in der Planungswissenschaft« (2014 – 2017).

140 Siehe dazu insb. Lüdemann, Öffentliches Wirtschaftsrecht und ökonomisches Wissen, in: Augsberg (Hrsg.), Extrajuridisches Wissen im Verwaltungsrecht, 2013, S. 121, 133 ff.

Schönburger Gespräche zu Recht und Staat

Band 1 Josef Isensee: Tabu im freiheitlichen Staat

Band 2 Udo Di Fabio:
Die Staatsrechtslehre und der Staat

Band 3 Paul Kirchhof: Der Staat als Garant
und Gegner der Freiheit

Band 4 Gerd Roellecke: Staat und Tod

Band 5 Karl Korinek: Staat und Kunst

Band 6 Wolfgang Graf Vitzthum:
Der Staat der Staatengemeinschaft

Band 7 Eckart Klein: Staat und Zeit

Band 8 Otto Depenheuer:
Selbstbehauptung des Rechtsstaates

Band 9 Peter Michael Huber: Staat und Wissenschaft

Band 10 Christian Hillgruber: Staat und Religion

Band 11 Christian Waldhoff: Staat und Zwang

Band 12 Matthias Jestaedt:
Die Verfassung hinter der Verfassung

Band 13 Christoph Grabenwarter: Staat und Medien

Band 14 Matthias Herdegen: Staat und Rationalität

Band 15 Bernd Grzeszick:
Die Teilung der staatlichen Gewalt

Band 16 Helge Sodan:
Staat und Verfassungsgerichtsbarkeit

Band 17 Bernhard Kempen: Staat und Raum

Band 18 Markus Möstl:
Bundesstaat und Staatenverbund

Schönburger Gespräche zu Recht und Staat

Band 19 Stefan Haack:
Der Staat mit den geteilten Organen

Band 20 Michael Brenner: Der geheime Staat

Band 21 Sebastian Müller-Franken:
Meinungsfreiheit im freiheitlichen Staat

Band 22 Georg Lienbacher: Staat und politische Parteien

Band 23 Hans-Detlef Horn: Vom Staat der Demokratie

Band 24 Indra Spiecker gen. Döhmann:
Information und Staat

Band 25 Klaus Ferdinand Gärditz:
Staat und Strafrechtspflege

Band 26 Matthias Cornils:
Kommunikation der Internetverfassung

Band 27 Martin Schulte: Staatlichkeit im Wandel